essentials

essentials liefern aktuelles Wissen in konzentrierter Form. Die Essenz dessen, worauf es als „State-of-the-Art" in der gegenwärtigen Fachdiskussion oder in der Praxis ankommt. *essentials* informieren schnell, unkompliziert und verständlich

- als Einführung in ein aktuelles Thema aus Ihrem Fachgebiet
- als Einstieg in ein für Sie noch unbekanntes Themenfeld
- als Einblick, um zum Thema mitreden zu können

Die Bücher in elektronischer und gedruckter Form bringen das Expertenwissen von Springer-Fachautoren kompakt zur Darstellung. Sie sind besonders für die Nutzung als eBook auf Tablet-PCs, eBook-Readern und Smartphones geeignet. *essentials:* Wissensbausteine aus den Wirtschafts-, Sozial- und Geisteswissenschaften, aus Technik und Naturwissenschaften sowie aus Medizin, Psychologie und Gesundheitsberufen. Von renommierten Autoren aller Springer-Verlagsmarken.

Weitere Bände in der Reihe http://www.springer.com/series/13088

Ariane Bentner

Gesundheitsmanagement für Einsteiger

Wege zur gesunden Organisation – Impulse für kleine und mittlere Unternehmen

Ariane Bentner
Bentner systemische Beratung
Darmstadt, Deutschland

ISSN 2197-6708 ISSN 2197-6716 (electronic)
essentials
ISBN 978-3-658-21592-7 ISBN 978-3-658-21593-4 (eBook)
https://doi.org/10.1007/978-3-658-21593-4

Die Deutsche Nationalbibliothek verzeichnet diese Publikation in der Deutschen Nationalbibliografie; detaillierte bibliografische Daten sind im Internet über http://dnb.d-nb.de abrufbar.

Springer Gabler

Gedruckt auf säurefreiem und chlorfrei gebleichtem Papier

Springer Gabler ist ein Imprint der eingetragenen Gesellschaft Springer Fachmedien Wiesbaden GmbH und ist ein Teil von Springer Nature
Die Anschrift der Gesellschaft ist: Abraham-Lincoln-Str. 46, 65189 Wiesbaden, Germany

Was Sie in diesem *essential* finden können

- Ausgewählte interdisziplinäre Hintergrundinformationen zum Thema
- Rechtliches Basiswissen BGM
- Konzeptionelle Anregungen für Ihr BGM
- Good-Practice-Beispiele für die gesunde Organisation

Inhaltsverzeichnis

1 Einführung

> Gesundheit ist eine Kompetenz zur aktiven Lebensbewältigung. Gesundheit ist etwas, was erlernt werden kann, d.h. wozu Menschen befähigt werden können (Badura et al. 2010, S. 32).

Die Idee, dass unsere Gesundheit eine Ressource darstellt, die es zu hegen und pflegen gilt, und dass dabei ausgerechnet der Betrieb, das Unternehmen oder der Arbeitsplatz auch Orte des Erlernens von „Gesundheit" werden würde, klingt für manche Menschen erst einmal irritierend.

Sie ist jedoch nur die Fortführung der Grundideen des Betrieblichen Gesundheitsmanagements (BGM), das sich mit der Gestaltung, Lenkung und Entwicklung betrieblicher Strukturen und Prozesse befasst.

> Die Idee des Betrieblichen Gesundheitsmanagements geht zum einen auf die *Ottawa-Charta von 1986* zurück, die als Ziel die Befähigung der Bevölkerung zu einem selbstbestimmten Umgang mit Gesundheit sowie die gesundheitsförderliche Gestaltung der Lebenswelt und der Gesundheitsdienste formuliert. Zum anderen wurzelt sie im betrieblichen Arbeitsschutz, der auf eine lange Tradition zurückblicken kann, im Rahmen europäischer Gesetzesinitiativen in den letzten Jahren gestärkt wurde und über eine weit fortgeschrittene Professionalisierung und Institutionalisierung verfügt. Ein ganzheitlicher BGM-Ansatz sollte über den seit 1996 vorgeschriebenen ganzheitlichen Arbeitsschutz hinaus auch betriebliche Gesundheitsförderung, Verbesserung der Führungskultur, Maßnahmen zur Vereinbarkeit von Privatleben und Beruf sowie Aufgaben der altersgerechten Arbeitsgestaltung berücksichtigen (https://de.wikipedia.org/wiki/Betriebliches_Gesundheitsmanagement, abgerufen am 24.08.2017, Herv.d.A.).

Ziel des BGM ist es u. a., die persönlichen Ressourcen der Mitarbeitenden in Organisationen zu stärken. Durch möglichst optimale Arbeitsbedingungen soll die Gesundheit und Motivation nachhaltig gefördert und gleichzeitig die

A. Bentner, *Gesundheitsmanagement für Einsteiger*, essentials,
https://doi.org/10.1007/978-3-658-21593-4_1

Produktivität, Produkt- und Dienstleistungsqualität und Innovationsfähigkeit eines Unternehmens gesteigert werden. Zu den zentralen Handlungsfeldern des BGM gehören der Arbeitsschutz, die Suchtprävention, die betriebliche Gesundheitsförderung (BGF) sowie die Personal- und Organisationsentwicklung. Weitere Handlungsfelder sind beispielsweise das Notfall- und Krisenmanagement und das Fehlzeitenmanagement (vgl. ebd.).

Im BGM wird unterschieden nach zwei Zugängen: Die *Verhältnisprävention* (strukturelle Prävention) strebt Veränderungen der Arbeitsbedingungen an. So sollen die Lebensbereiche Arbeit und Familie, die Umweltbedingungen und auch die Freizeit möglichst risikoarm gestaltet werden. Maßnahmen zur Verhältnisprävention sind z. B. die Sensibilisierung und Weiterbildung der Führungskräfte, die Verbesserung der Arbeitsmittel etc.

Die *Verhaltensprävention* beschäftigt sich mit dem individuellen Gesundheitsverhalten. So sollen Mitarbeitende durch Aufklärung und andere Maßnahmen dazu motiviert werden, gesundheitsbewusster zu leben. Zu den klassischen Maßnahmen der Verhaltensprävention gehören z. B. Seminare zu den Themen Stress und Entspannung (http://www.bgm-manufaktur.de/500-euro-freibetrag-fuer-die-betriebliche-gesundheitsfoerderung/, abgerufen am 24. August 2017, http://blog.machtfit.de/blog/2016/09/08/kleine-personalabteilung-riesige-belegschaft-so-geht-bgm-im-mittelstand/, abgerufen am 24.08.2017).

Dies dürfte vor allem Konzernen leichter möglich sein als kleinen und mittleren Unternehmen. Unsere langjährige Erfahrung in der Personal- und Organisationsentwicklung und damit der Begleitung von Unternehmen auch zu Gesundheitsthemen zeigt zweierlei: zum einen ist auch in großen Unternehmen nicht alles (BGM-) Gold, was glänzt. Viele gut gemeinte und aufwendig konzipierte Maßnahmen zielen an den eigentlichen Zielgruppen vorbei und versanden. Zum anderen: auch kleinere Unternehmen können mit wenig Aufwand passgenaue Konzepte für BGM-Maßnahmen konzipieren und anbieten. Wir möchten Ihnen mit diesem *essential* die dafür erforderlichen Hintergrundinformationen liefern und Sie anregen, auch mit wenig Aufwand die für Ihr Unternehmen und Ihre Belegschaft passenden Angebote zu schneidern.

Dieses *essential* ist quasi während des laufenden Beratungsgeschäfts „nebenbei“ auf Anregung und Wunsch einiger unserer Kunden entstanden, die sich eine aktuelle und informative Handreichung zur Gestaltung ihrer zukünftigen BGM-Aktivitäten von uns gewünscht haben. Diesem Wunsch sind wir gerne nachgekommen. Es wäre allerdings nicht möglich gewesen ohne die tatkräftige Unterstützung durch unser Team, das mir wissenschaftlich gut zugearbeitet hat: Thanh Hong Nguyen hat insbesondere die rechtliche Seite und bisherige Good Practices recherchiert, Jan P.Jung hat Wesentliches zum Thema Stress und Resilienz beigetragen und Manuel Gros hat sich im Rahmen seiner Bachelor-Arbeit mit dem Konzept der Salutogenese und der positiven Psychologie beschäftigt und uns Ausschnitte daraus zur Verfügung gestellt. Außerdem hat er sich intensiv mit dem Thema BEM auseinandergesetzt. Allen dreien möchte ich auf diesem Wege herzlich danken.

2 Grundlagen des Gesundheitsmanagements (BGM)

98 % der deutschen Unternehmen beschäftigen weniger als 50 Mitarbeitende und verfügen daher kaum über die erforderlichen Ressourcen für ein professionelles betriebliches Gesundheitsmanagement. Dieses wird gerade in den turbulenten Zeiten der massiven Veränderungsprozesse in der Arbeitswelt bedeutsamer denn je. Gleichzeitig sind die Krankenkassen seit 2015/2016 durch das neue Präventionsgesetz dazu verpflichtet worden, auch Unternehmen beim Weg zur gesunden Organisation zu unterstützen.

Das Präventionsgesetz trat in seinen wesentlichen Teilen am 25. Juli 2016 in Kraft. Das Gesetz soll die Gesundheitsförderung stärken, die Früherkennungsuntersuchungen für alle Altersgruppen weiterentwickeln und den Impfschutz verbessern. Mit dem Gesetz wird außerdem die Grundlage für eine stärkere Zusammenarbeit zwischen Sozialversicherungsträgern, Ländern und Kommunen in den Bereichen Prävention und Gesundheitsförderung gestärkt (https://www.bundesgesundheitsministerium.de/service/begriffe-von-a-z/p/praeventionsgesetz.html, abgerufen am 05.01.2018).

Danach gilt Gesundheit nicht mehr als reine „Privatsache", sondern es sollen besonders die bisher gesundheitlich besonders gefährdeten und oft schwer erreichbaren Zielgruppen wie besonders belastete Berufsgruppen, Schichtarbeitende, Migrantinnen, Kinder aus armen Familien, Übergewichtige usw. von verschiedenen Trägern beim Erhalt ihrer Gesundheit präventiv unterstützt werden.

Die Kranken- und Pflegekassen sollen jährlich mehr als 500 Mio. EUR für Gesundheitsförderung und Prävention ausgeben. Der Schwerpunkt liegt dabei auf der Gesundheitsförderung in den Lebenswelten wie Kitas, Schulen, Kommunen, Betrieben und Pflegeeinrichtungen mit insgesamt mindestens rund 300 Mio. EUR jährlich (https://www.bundesgesundheitsministerium.de/service/begriffe-von-a-z/p/praeventionsgesetz.html, abgerufen am 30.12.2017).

A. Bentner, *Gesundheitsmanagement für Einsteiger,* essentials,
https://doi.org/10.1007/978-3-658-21593-4_2

> Zwar arbeiten die unterschiedlichen Träger der Sozialversicherung endlich enger zusammen und werden auch mehr Mittel für Präventionsaktivitäten ausgegeben, doch spüren die Bürgerinnen und Bürger davon noch wenig. Angebote und Maßnahmen erreichen bislang nur einen Bruchteil der Bevölkerung. Gerade vulnerable Gruppen – sozial Schwache, Arbeitslose, Migranten, Kinder und Pflegebedürftige – kommen nur in wenigen Modellprojekten in den Genuss gesundheitsförderlicher Aktivitäten. Betriebliches Gesundheitsmanagement beschränkt sich in der Regel auf größere Betriebe. Das große Geld fließt weiterhin in das arztzentrierte kurative Versorgungssystem.

– so die Kritik am Präventionsgesetz (http://www.fr.de/wirtschaft/gastwirtschaft/praeventionsgesetz-gesetz-ohne-wirkung-a-341460, abgerufen am 24.08.2017).

2.1 Rechtliche Grundlagen für die gesunde Organisation

Im Folgenden wollen wir Ihnen einige rechtliche Hintergrundinformationen zum Thema Betriebliches Gesundheitsmanagement vermitteln, die bei der Gestaltung von Veränderungsprojekten hilfreich sein können. Mittlerweile hat der Gesetzgeber *alle* Betriebe dazu verpflichtet, präventive Maßnahmen zur Gesunderhaltung der Mitarbeitenden zu ergreifen.

2004 traten sowohl das Betriebliche Eingliederungsmanagement (BEM) (bis 31.12.2017 § 84 Abs. 2 SGB IX, seit 01.01.2018 § 167 Abs. 2 SGB IX) als auch die Gefährdungsbeurteilung nach § 5 und 6 ArbSchG und Unterweisung gemäß § 12 ArbSchG in Kraft. Zudem versuchen die Gewerbeaufsichtsämter mit der Änderung des Arbeitsschutzgesetzes von 2014 nun verstärkt die Einführung von psychischen Gefährdungsbeurteilungen in den Betrieben zu fordern.

Ein zielführendes BGM benötigt neben dem Arbeitsschutz, dem BEM und einer Konzeption und Umsetzung von Maßnahmen der betrieblichen Gesundheitsförderung ein klares und überprüfbares Ziel. Empfehlenswert ist hier eine ganzheitliche Strategie, die z. B. in ISO-Normen oder in Arbeitsschutzsystemen formuliert ist. Ebenso wichtig sind das Engagement im Top-Management, eine Verankerung des BGM im Unternehmensleitbild und die Zusammenarbeit mit den Beschäftigten. Dazu kann eine Betriebs- oder Dienstvereinbarung oder ein entsprechendes Regelwerk hilfreich sein (vgl. Huber 2017, S. 105).

Möchte ein Unternehmen ein BGM einführen, so ist zu beachten, dass bestimmte Teilbereiche bereits rechtlich vorgegeben sind. So ist der Arbeitsschutz sowohl für den Arbeitgeber als auch für den Arbeitnehmer verpflichtend. Nach § 618 BGB besteht für den Arbeitnehmer das Recht auf einen arbeits- und gesundheitsschutzkonformen Arbeitsplatz. Für den Arbeitgeber bedeutet dies, sich um eine angemessene arbeitsmedizinische Vorsorge und eine Gestaltung der Arbeit mit möglichst geringer Gefährdung von Leben und Gesundheit zu sorgen (§ 4 ArbSchG). Ebenso verpflichtend ist die Durchführung einer physischen sowie psychischen Gefährdungsbeurteilung, um vorhandene Gefährdungen zu erkennen und dafür passende Schutzmaßnahmen einzuleiten. Dabei verfügt der Betriebstrat über ein umfassendes Mitbestimmungsrecht (§ 87 I Nr. 7 BetrVG) (vgl. Huber 2017, S. 106).

Seit Januar 2016 gibt es durch das Präventionsgesetz zusätzliche Förderungen. Krankenkassen sind wie eingangs erwähnt dazu verpflichtet, jährlich mindestens zwei Euro je Versicherten in die betriebliche Gesundheitsförderung zu investieren. Das Geld geht sonst an den Spitzenverband der GKV. Arbeitgeber können aktiv danach fragen und somit Unterstützung zu betrieblichen Gesundheitsförderungsmaßnahmen durch die Krankenkassen erhalten, sind aber zu keiner aktiven Gesundheitsförderung ihrer Mitarbeitenden verpflichtet (vgl. Huber 2017, S. 107).

2.2 Das Betriebliche Eingliederungsmanagement (BEM)

Ein wichtiger Aspekt des BGM ist das Betriebliche Eingliederungsmanagement – kurz: BEM. Seit 2004 sind alle Arbeitgeber nach § 84, Abs. 2, SGB IX dazu verpflichtet, BEM im betrieblichen Alltag umzusetzen (Hans-Böckler-Stiftung 2011, S. 1). Das BEM wird bei denjenigen Arbeitnehmern angewandt, welche innerhalb eines Jahres insgesamt mindestens sechs Wochen arbeitsunfähig waren, unabhängig davon, ob es sich dabei um eine Ausfallzeit am Stück oder mit Unterbrechungen handelte. BEM gilt als Teil des betrieblichen Arbeits- und Gesundheitsschutzes. Ziel des BEM ist es, dass die Betroffenen ihren Arbeitsplatz nicht verlieren. Dies hat sowohl Vorteile für Arbeitnehmer als auch für Arbeitgeber. Die entsprechenden Maßnahmen sollen in Kooperation zwischen beiden gemeinsam entworfen werden, um die Arbeitsfähigkeit des Erkrankten wiederherzustellen und auf lange Sicht zu verbessern.

In diesem Zuge sollen auch Präventivmaßnahmen entwickelt werden, um eine erneute Arbeitsunfähigkeit zu verhindern und den Arbeitsplatz so auf Dauer zu erhalten. Laut des Praxisblatts der Hans-Böckler-Stiftung (2011, S. 3) ist ausdrücklich zu erwähnen, dass BEM als ein *Angebot zur Unterstützung der Arbeitnehmer* zu verstehen ist, welches seiner Zustimmung bedarf. Für den Arbeitgeber ist BEM jedoch gesetzlich verpflichtend (DGB 2016, S. 4). Sollte der Arbeitnehmer das Angebot nicht annehmen wollen, darf ihm dies nicht negativ ausgelegt werden. Darin liegt ein klarer Unterschied zu den vorherigen Krankenrückkehrgesprächen, welche der Arbeitnehmer wahrnehmen musste (Hans-Böckler-Stiftung 2011, S. 3).

Das Ziel von BEM besteht jedoch nicht darin, Krankheiten oder Gebrechen zu heilen. Stattdessen soll der Arbeitsplatz durch eine Analyse der Arbeitsumgebung und den damit verbundenen Arbeitsbedingungen an die jeweiligen Voraussetzungen des Arbeitnehmers angepasst werden (Kohte 2010, S. 375). Abhängig von den erhaltenen Erkenntnissen kann auch ein Arbeitsplatzwechsel innerhalb der Organisation als sinnvolle Alternative in Betracht gezogen werden. Nach Kohte (2010, S. 377) sollte der gesamte Prozess von einer betrieblichen Interessenvertretung, z. B. dem Betriebsrat, begleitet und mitgestaltet werden. Dies wird auch vom BAG gefordert (DGB 2016, S. 1). Dass die Einführung von BEM als Erfolg bezeichnet werden kann, erkennt man unter anderem daran, dass seit seiner Einführung bereits mehr als 100 Gerichtsurteile im Sinne des BEM gefällt wurden (Kohte 2010, S. 374).

BEM stellt ein Hilfsangebot für Kranke und Behinderte dar. Eine krankheitsbedingte Kündigung wird dem Arbeitgeber deutlich erschwert und der Arbeitsplatz von Erkrankten damit geschützt. Laut dem DGB (2016, S. 1) liegt die Beweislast bei einer Kündigung ohne Durchführung von BEM beim Arbeitgeber. Er muss glaubhaft erläutern, warum aufgezeigte Alternativen zur Kündigung nicht zur gewünschten Entwicklung, also der vollständigen Wiedereinführung des Erkrankten in den betrieblichen Alltag, geführt haben. Durch die präventive Betrachtung der Arbeitsbedingungen werden Gesundheitsgefährdungen analysiert und die Arbeitsplätze bei korrekter Durchführung somit unter dem Gesundheitsaspekt verbessert (Hans-Böckler-Stiftung 2011, S. 7–9). Auch arbeitsschutzrechtliche Defizite werden im Idealfall identifiziert (Kohte 2010, S. 375). BEM kann also für eine kontinuierliche Verbesserung der Rahmenbedingungen am Arbeitsplatz sorgen (Reuter 2015, S. 105).

Daraus ergeben sich Vorteile für beide Parteien. Der Arbeitgeber profitiert insofern, dass Langzeiterkrankungen seiner Angestellten verhindert und krankheitsbedingte Fehlzeiten möglicherweise zukünftig insgesamt verringert werden können. Der Arbeitnehmer hingegen leidet weniger an gesundheitlichen Defiziten und die psychische Belastung durch eine mögliche krankheitsbedingte Kündigung wird ihm genommen.

Die beschriebenen Chancen, die sich durch BEM ergeben, können jedoch nicht ohne die Risiken betrachtet werden. Dass BEM angewandt werden muss, ist gesetzlich vorgeschrieben, doch laut Kohte (2010, S. 377) gibt es keine Verordnungen darüber, *wie genau* diese Maßnahmen anzuwenden sind bzw. welche Maßnahmen getroffen werden sollten. Daher müssen Betriebe individuelle Konzepte entwickeln, weshalb durch die Unklarheit der Vorgaben besonders für kleinere Unternehmen häufig Überforderung entsteht.

Auch die Rechte und Pflichten der beteiligten Parteien sind laut DGB (2016, S. 2) nur unzureichend formuliert. Der Gesetzgeber definiert außerdem keine Konsequenzen für die Betriebe, wenn diese BEM nicht einhalten. Kündigungen können nach wie vor erfolgen, wenn die getroffenen Maßnahmen scheitern (Hans-Böckler-Stiftung 2011, S. 8).

Der Erfolg von BEM und damit die Sicherung der betroffenen Arbeitsplätze ist also stark davon abhängig, wie ernst der Arbeitgeber die Entwicklung und Umsetzung von Maßnahmen nimmt und wie gewissenhaft er dabei vorgeht. Da Krankheitsfälle wirtschaftliche Risikofaktoren für Unternehmen darstellen, kann die Motivation, Zeit und Geld in BEM zu investieren, für den Arbeitgeber im Einzelfall gering sein. Daher teilen viele Arbeitnehmer laut Kohte (2010, S. 376) die Befürchtung, dass Informationen aus dem BEM-Verfahren nur benutzt werden, um eine spätere Krankheitskündigung zu rechtfertigen. Jede einzelne krankheitsbedingte Kündigung, welche ohne BEM ausgesprochen wird, muss vom betroffenen Arbeitnehmer gerichtlich angefochten werden (DGB 2016, S. 2). Gegen eine solche Kündigung vorzugehen, ist also für die Betroffenen mit sehr hohem Aufwand verbunden. Aufgrund der in der Vergangenheit üblichen Krankenrückkehrgespräche zweifeln sie außerdem daran, ob ihre Teilnahme an BEM tatsächlich freiwillig ist. Ein Risiko für die Arbeitnehmer besteht im Missbrauch ihrer persönlichen Daten im Rahmen von BEM (Hans-Böckler-Stiftung 2011, S. 8).

Die medizinischen Informationen über den Arbeitnehmer fallen unter die Schweigepflicht und sind zweckgebunden. Der Arbeitgeber darf also nur diese Informationen erhalten, die wichtig für die Entwicklung von Maßnahmen zur Verbesserung des Arbeitsplatzes sind und dürfen nicht genutzt werden, um sie dem Arbeitnehmer negativ auszulegen. Vor allem wenn die Untersuchung durch einen Betriebsarzt durchgeführt wird, ist die Gefahr eines Missbrauchs dieser Daten erhöht. Laut Kohte (2010, S. 375) können im Rahmen von BEM erstellte medizinische Gutachten ebenfalls zum Nachteil der Arbeitnehmer ausgelegt werden. Häufig beinhalten diese vor allem defizitorientierte Beurteilungen ohne Berücksichtigung der vorhandenen Ressourcen. Der DGB (2016, S. 2) sieht weiteres Verbesserungspotenzial in der Ausweitung des Gesetzes auf Kleinbetriebe und befristete Anstellungen, für die BEM nicht verpflichtend ist und daher in diesen Bereichen vom Arbeitgeber kaum durchgeführt wird. In kleineren Unternehmen ist die Umsetzung als eher schwierig einzustufen. Fehlende Interessenvertretungen, mangelnde HR-Ressourcen und damit einhergehende Überforderung sind Faktoren, die häufig verhindern, dass kleine Unternehmen BEM umsetzen.

3 Organisationen im Wandel – Herausforderungen für mehr Unternehmensgesundheit

Schon im Jahre 1943 schrieb der Schriftsteller Stefan Zweig:

> Die Welt ist verändert, seit es möglich ist, in Paris gleichzeitig zu wissen, was in Amsterdam, Moskau und Neapel und Lissabon in derselben Minute geschieht (Rödder 2017, S. 34).

Die technologische Entwicklung, die dieses Erleben ermöglichte, war das interkontinentale Telegrafenkabel, mit dem ein Brief vom Sender zum Adressaten nicht mehr vier Wochen, sondern nur noch 28 min benötigte. Trotz aller Faszination, die diese technologische Innovation mit sich brachte, ging sie – wie fast alle revolutionären technologischen Veränderungen der Moderne – auch mit einer *erheblichen Verstörung* der Menschen einher, denn: mit der Erfahrung einer bisher unbekannten Beschleunigung steigen Unsicherheit und Ungewissheit bezüglich der Zukunft. Anders als zuvor lässt sich schon ab dem 19. Jahrhundert die Zukunft nicht mehr aus den Erfahrungen der Vergangenheit rückschließen, sondern sie erscheint offen und gespeist aus Unvorhersehbarkeit und Unsicherheit (ebd.). Aus historischer Sicht lassen sich verschiedene Treiber für den gesellschaftlichen Wandel der Moderne identifizieren:

Zum einen die sog. technologische Moderne, die mit Beginn des 18. Jahrhunderts einsetzte: in Wellen erleben wir seither eine stetige und massive *Beschleunigung* unseres Lebenstempos: die Schreibmaschine (1741 erfunden) benötigte noch 175 Jahre zur Verbreitung, die Eisenbahn fuhr Ende des 19. Jahrhunderts mit 35 km/h und verursachte bei den Reisenden starke Übelkeit, da sie sich nie zuvor so schnell fortbewegt hatten. Das Radio benötigte (Ende 19. Jh.) 38 Jahre zu seiner Ausbreitung, das Fernsehen (ab Mitte des 20. Jh.) immerhin noch 13 Jahre, das Internet (Ende 20. Jh.) war bereits nach 4 Jahren verbreitet und unsere Mobil-Telefone tauschen wir heute ganz selbstverständlich spätestens

A. Bentner, *Gesundheitsmanagement für Einsteiger*, essentials,
https://doi.org/10.1007/978-3-658-21593-4_3

alle 2 Jahre gegen ein neues Modell aus (http://www.faz.net/aktuell/feuilleton/buecher/rezensionen/sachbuch/hartmut-rosa-beschleunigung-und-entfremdung-laeuft-alles-viel-zu-schnell-heute-12591323.html, abgerufen am 05.01.2018).

Die technologische Entwicklung ist allerdings immer abhängig davon, ob sie von den Nutzern und Märkten auch als nützlich an- und aufgenommen wird, sie ist kein Selbstläufer. Mit der Digitalisierung vieler Prozesse der Arbeitswelt (Industrie 4.0) hat die technische Moderne eine neue Dimension erreicht.

Weiterhin werden wir seit Beginn der 1990er Jahre zunehmend begleitet von sehr unerwarteten, überraschenden und oftmals hochkritischen Ereignissen wie dem Mauerfall (1989), Terroranschlägen (9/11), Naturkatastrophen (Tsunami 2008), wirtschaftlichen Zusammenbrüchen (Finanzkrise 2015). Diese emotional schwer erträglichen und Stress auslösenden kritischen Weltereignisse begleiten unseren Alltag und führen zur „Zerschlagung der Gewissheit" (Rödder 2017, S. 34) dass wir unsere Umwelt kontrollieren könnten.

Die Herausforderung besteht darin, dass es uns möglich wird, Uneindeutigkeit, Unsicherheit und Komplexität „als Grundbedingung anzunehmen und auszuhalten" (Rödder ebd.). Nicht zuletzt die dramatische Zunahme an Diagnosen psychischer Erkrankung um 180 % in den letzten 10 Jahren, mit den Hauptdiagnosen Angststörungen und Depressionen ist sicher auch ein Spiegelbild dessen, wie unzureichend wir bisher auf das Annehmen und Gestalten dieser Herausforderungen vorbereitet sind (AOK 2017; vgl. Bödecker 2011).

3.1 Auswirkungen

Der Soziologe Hartmut Rosa erklärt die strukturellen Effekte der aktuellen Veränderungsprozesse unserer Lebens- und Arbeitswelt so: Unser Leben ist durch die o. g. Phänomene sehr viel anstrengender geworden. Moderne Gesellschaften brauchen stetiges Wachstum und Entwicklung in allen Bereichen, um den Status quo zu erhalten:

> Wir haben mehr Menschen, mit denen wir verkehren, wir haben mehr Güter, die wir produzieren und konsumieren, und vor allem haben wir vermehrt Optionen. Aber wir haben nur 24 Stunden, weil man Zeit nicht steigern kann, sondern nur verdichten (Rosa 2013, S. 13).

Das Lebenstempo hat sich also dramatisch beschleunigt, und mit ihm das Erleben von Stress, Hektik und Zeitnot als klassische Begleit-Symptome. Obwohl wir eigentlich durch die neuen technologischen Möglichkeiten Zeit im Überfluss gewinnen müssten, viel mehr Möglichkeiten der Gestaltung unserer Zeit haben als jede Generation vor uns, treibt uns die Angst, etwas zu verpassen von einer Aktivität zur nächsten (vgl. Rosa 2013, S. 13).

Die neue Vielfalt in der Gestaltung der eigenen Arbeit sollte uns eigentlich ein Gefühl von Autonomie und Selbstbestimmung ermöglichen, jedoch geschieht in der Praxis häufig das Gegenteil. Der Preis für die Flexibilität und die neuen Möglichkeiten der Arbeitsgestaltung sind oft ständige Erreichbarkeit, wachsende Belastungen, die Zunahme von Stress und das Erleben einer Verschmelzung der Lebensbereiche Arbeit und Freizeit. Diese Zunahme an externen und internen Belastungen geht nicht spurlos an den Arbeitnehmenden vorbei. So gaben im Stressbericht 2017 der Techniker Krankenkassen sechs von zehn Befragten an, sich gestresst zu fühlen, unabhängig davon, ob beruflich oder privat. 23 % gaben in der Studie sogar an, häufig gestresst zu sein (https://www.tk.de/centaurus/servlet/contentblob/921466/Datei/3654/TK-Stressstudie_2016_PDF_barrierefrei.pdf, abgerufen am 19.10.2017). Die zunehmenden wahrgenommenen Stressbelastungen zeigen sich auch als Langzeitfolge im Anstieg der AU-Tage durch psychische Erkrankungen (https://www.tk.de/centaurus/servlet/contentblob/940482/Datei/62963/Preview-Fehlzeiten.pdf., https://www.dak.de/dak/download/gesundheitsreport-2017-1885298.pdf, abgerufen am 19.10.2017).

Wie können Unternehmen bzw. Mitarbeiter und Teams mit den neuen Herausforderungen umgehen? Eine Untersuchung der Hans-Böckler-Stiftung hat ergeben, dass die Kosten infolge von Arbeitsbelastungen durch psychische Erkrankungen sich auf ca. 7,1 Mrd. EUR inkl. der Folgeerkrankungen belaufen. Der geschätzte volkswirtschaftliche Schaden liegt bei ca. 19 Mrd. EUR pro Jahr noch deutlich höher (https://www.boeckler.de/impuls_2011_16_2.pdf, abgerufen am 19.10.2017). Für Unternehmen ist es also notwendig, sich über nachhaltige qualitätssichernde und gesundheitsfördernde Maßnahmen Gedanken zu machen und konkrete Maßnahmen zu ergreifen, um langfristig ihr Personal als wichtige unternehmerische Ressource und somit auch das Unternehmen an sich gesund zu erhalten.

3.2 Gesunde und widerstandsfähige Organisationen

Seit Beginn der 2000er Jahre können wir von einem (bisher noch eher theoretischen) Paradigmenwechsel in der Gesundheitspolitik sprechen. Wurde Gesundheit früher als Normalfall vorausgesetzt, wobei Krankheit eine unerwünschte Abweichung darstellte, so haben sich im Zuge der nicht zuletzt durch die Globalisierung in den letzten fast 40 Jahren ausgelösten massiven Veränderungsprozesse unseres Arbeits- und Privatlebens dramatische Effekte ergeben:

Wir leben in einer alternden Gesellschaft und der demografische Wandel führt zu einem in bestimmten Bereichen und Regionen massivem Fachkräftemangel (vgl. Bentner und Dylong 2015). Gleichzeitig sind der Arbeitsdruck und die Ansprüche an die Arbeit stetig gestiegen. Psychische Belastungen und eine Zunahme an Konflikten am Arbeitsplatz haben massiv zugenommen – und das nicht nur bei besonders belasteten Berufsgruppen wie etwa Erzieherinnen und Pflegepersonal. Während in der Arbeitswelt an der Schnittstelle Mensch-Maschine in den letzten Jahrzehnten sehr viel positive Entwicklungen und ergonomische Entlastung Einzug gehalten haben, menschelt es in vielen Unternehmen stressbedingt: Überforderung, Gereiztheit, Ruppigkeit im sozialen Miteinander, überzogener Individualismus und Probleme mit Teamarbeit, eine abnehmende Bindung ans Unternehmen, Präsentismus einerseits und Absentismus sind einige Symptome, mit denen Unternehmen heute umgehen müssen und die sie oft ratlos machen. Fehlzeiten von bis zu 30 % sind in Behörden(ähnlichen) Organisationen wie Verwaltungen und Kliniken keine Seltenheit. Hinzu kommen eine Abnahme der Arbeitsfähigkeit auch und gerade bei jüngeren Arbeitnehmer_innen sowie unsere klassische Wohlstandskrankheit, das metabolische Syndrom. Dabei handelt es sich um das „tödliche Quartett" aus Bluthochdruck, veränderten Blutfettwerten, Insulinresistenz und Übergewicht/Fettleibigkeit (Treier und Uhle 2016, S. 5).

Der Erhalt der Mitarbeiter-Gesundheit und damit auch ihrer Arbeitsfähigkeit wird vor diesem Hintergrund gerade für kleine und mittlere Unternehmen überlebenswichtig.

Mit der Vision einer gesunden Organisation ist eine neue gesundheitspolitische Zielrichtung vorgegeben, die nun in die Praxis übersetzt werden muss:

> Die Vision betrieblicher Gesundheitspolitik ist gesunde Arbeit in gesunden Organisationen. Gesunde Organisationen fördern beides: Wohlbefinden und Produktivität ihrer Mitglieder. Die Kommission (aus Bertelsmann- und Hans-Böckler-Stiftung) sieht die gesundheitsrelevanten Problemstellungen in den Unternehmen, Verwaltungen und Dienstleistungsorganisationen nicht mehr allein an der Mensch-Maschine-Schnittstelle, sondern insbesondere an der Mensch-Mensch-Schnittstelle: in der Qualität der Menschenführung, in der Qualität der Unternehmenskultur sowie in der Qualität der zwischenmenschlichen Beziehungen (Badura et al. 2010, S. 31).

Dabei kommt aus Sicht dieser Expertenkommission gerade der Arbeitswelt gesundheitspolitisch eine besondere Bedeutung zu, da sie auch auf das Privatleben zurückwirkt. Vom Leitgedanken her sollte *zukünftig die Priorität* bei der

Gesundheitsförderung und Prävention liegen, weniger bei der nachträglichen Bewältigung von Krankheiten. Gesundheitsförderung und Prävention gelten als *zukünftige Führungsaufgaben,* weshalb BGM-Maßnahmen am besten auf der obersten Management-Ebene verankert sein und nicht allein von Fachkräften in den Fachabteilungen wahrgenommen werden sollten. Wichtig ist auch, dass die Betroffenen zu Beteiligten gemacht und in die Konzepte einbezogen werden, dass Mitarbeitende also auch „Bottom-up" mitwirken sollten. Gesundheitsprojekte in Organisationen sollten in ihrer Ausgestaltung vielfältig sein, d. h. den unterschiedlichen Bedürfnissen und Betriebsgrößen entsprechen. Betriebe, die so verfahren, fördern die Gesundheit ihrer Mitarbeiter und verbessern ihre Wettbewerbsfähigkeit. Sie tragen zudem zur Vermeidung von Sozialversicherungsfällen (Unfälle, Behandlung, Berentung, Arbeitslosigkeit) bei, d. h. zur finanziellen Stabilisierung der sozialen Sicherungssysteme, was ihnen selbst wiederum in Form begrenzter Lohnnebenkosten zugutekommt (Bertelsmann Stiftung und Hans-Böckler-Stiftung 2004, zit. n. Badura et al. 2010, S. 32).

Im Zusammenhang mit dem Thema gesunde Organisation ist schon seit etwa Ende der 1990er Jahre die Frage nach der Widerstandskraft (Resilienz) von Organisationen aufgetaucht. Wie können Unternehmen dafür sorgen, dass zum einen die Gesundheit und damit Arbeitsfähigkeit ihres Personals möglichst gut geschützt wird gleichzeitig das Funktionieren der Organisation allen Widrigkeiten zum Trotz aufrechterhalten werden kann?

Seitdem wird mit wachsendem Interesse der Frage nachgegangen: Welche Kriterien muss eine Organisation erfüllen, um so robust zu sein, unvorhersehbaren Krisen standzuhalten?

Unter den bekanntesten Studien gehören die Beiträge von Karl E. Weick und Kathleen M. Sutcliff (2001) und von Annette Gebauer und Ursula Kiel-Dixon (2009). Beide Teams erforschten die Organisationsstrukturen sogenannter „High Reliability Organizations" (HRO), sprich: Organisationen, die in einem unklaren und wechselhaften Krisenumfeld operieren (wie z. B. Flugsicherung, Flughäfen, Krankenhäuser, Polizei, Militär- oder Feuerwehr) (vgl. Wikipedia.de, abgerufen am 02.01.2018).

Eines von vielen wichtigen Kriterien widerstandskräftiger Organisationen ist etwa eine *positive Fehlerkultur,* wie sie japanische Unternehmen schon früh im Rahmen ihrer kontinuierlichen Verbesserungsphilosophie praktiziert haben, die sich nicht auf Schuldzuweisungen beschränkt, sondern aktiv nach Fehlerquellen sucht, um aus ihnen für die Zukunft zu lernen.

3.3 Die gesunde Organisation als Vision und Paradoxie zugleich – systemische Perspektiven und Umgang mit Widerstand

Wenn das alles nur so einfach wäre! Dann würde es ja – Rechtslage hin oder her – jedes Unternehmen tun. Daher kann es hilfreich sein, vor Beginn eines BGM-Konzeptes die eigene Organisation unter die (strukturelle) Lupe zu nehmen und einzuschätzen, was realistisch sein kann und was womöglich zum Scheitern verurteilt ist.

Organisationen werden aus systemischer Perspektive betrachtet als soziale Systeme mit formal institutionalisierter Kommunikation und einer bestimmten Struktur. Sie sind aus dieser Sicht unabhängig von konkret interagierenden Personen. Personen übernehmen vielmehr Rollen in Organisationen, z. B. als Führungskraft oder Mitarbeitende. Organisationen übernehmen in der Gesellschaft bestimmte Funktionen, z. B. werden in Wirtschaftsunternehmen (mehr oder weniger) knappe Güter über Geld verteilt und Märkte bedient oder entwickelt, während in der Politik über Macht Entscheidungen getroffen werden, die weitreichende Verbindlichkeit und Folgen nach sich ziehen (Kleve 2017, S. 356 ff.). Wichtig ist nun, dass diese Systeme ihre Funktionen immer nur sehr selektiv erfüllen und dabei ihre Kommunikation über sog. binäre Codes steuern.

> So ist beispielsweise für die Wirtschaft nur relevant, was sich finanziell über Geld ausdrückt, und sich dem Code Haben/Nichthaben zuordnet; in der Politik zentrieren sich die Kommunikation über die Zweiseitenform von Macht/Ohnmacht… (Fuchs 1999, zit. n. Kleve 2017, S. 358).

Oftmals (und gerade im Gesundheitswesen) bedingt das eine (die politischen Entscheidungen) das andere (die Art und Weise, wie gewirtschaftet werden kann). Die Kommunikation in Organisationen folgt dabei bestimmten Regelhaftigkeiten und Mustern, die es zu verstehen (und zu irritieren) gilt, will man die Organisation zur Veränderung (nicht nur in gesundheitlicher Hinsicht) anregen.

Zentral für das Wirken von modernen (dezentralisierten und enthierarchisierten) Organisationen, wie wir sie u. a. auch im klein- und mittelständischen Bereich vorfinden ist nun, dass auch sie permanent ihre Umwelt beobachten und für ihr Überleben relevante Entscheidungen treffen (müssen). Dass es sich hierbei um eine wahre Sisyphosarbeit für (insbesondere mittlere) Führungskräfte handelt, die verschiedene Anforderungen „unter einen Hut bringen“ müssen und die deshalb gerade das mittlere Management oft überfordert, weil sie quasi nie endet, darauf hat der Organisationssoziologe Stefan Kühl 2015 aufmerksam gemacht.

Dabei wird Komplexität in Organisationen (künstlich) reduziert, indem frühere Entscheidungen, auch wenn sie sich als falsch und fehlerhaft herausgestellt haben, nicht mehr hinterfragt werden. Vielmehr führt jede unternehmerische Entscheidung in der Folge zum Ermöglichen oder Verhindern weiterer richtiger oder falscher Entscheidungen. Für Organisationen resultieren daraus Widersprüche, die i. d. R. personalisiert werden z. B. indem sie auf die *Personen* im Management übertragen oder in Form von Konflikten zwischen Menschen im Unternehmen inszeniert werden. Wie wir schon gesehen haben, nimmt die Tendenz zur dysfunktionalen Kommunikation und zur Konfliktträchtigkeit am Arbeitsplatz zu.

Das Umgehen mit Widerständen und Konflikten wird so zum Normalzustand in Organisationen, die mit widersprüchlichen Anforderungen ihrer relevanten Umwelten umgehen müssen. Solche – für das Gesundheitsmanagement „klassischen“ Themen sind zum Beispiel die Arbeitssicherheit und der Arbeitsschutz, der Umgang mit Fachkräftemangel, alternden Belegschaften und überdurchschnittlich hohen Fehlzeiten.

Dabei können diese Phänomene aus organisationstheoretischer Sicht betrachtet werden als Lösungsversuche in Organisationen im Umgang mit neuen komplexen Anforderungen von außen. Unternehmen können ihre Umwelt ja nicht kontrollieren, sondern sie nur beobachten und ihrer Kultur gemäß handeln. Dies ist für kleine und mittlere Unternehmen schwieriger als für Konzerne, die ihre Zielkonflikte üblicherweise gut verschiedenen Abteilungen zuordnen und so auftretende Konflikte qua Delegation behandeln können (Kühl 2015, S. 27).

Zielkonflikte in Unternehmen führen zu Widersprüchen (Dilemmata, Paradoxien), die gerade in kleinen und mittleren Unternehmen häufig nicht wirklich gesehen und aufgelöst werden können und die Beteiligten oft zu einfachen Entweder-Oder-Lösungen einladen (vgl. Kühl 2015, S. 26). Gerade in Veränderungs-Prozessen treten organisationale Widersprüche und Widerstände gehäuft auf: in Unternehmen schwer kommunizierbare Themen wie Ängste, Überforderung und Überflutung, Verlust von Macht und Privilegien u. a. m. bilden häufig den Hintergrund menschlichen Verhaltens. Widerstand rufen im BGM-Kontext insbesondere Themen hervor, die mit weitreichenden Verhaltensveränderungen im Sinne der Gesundheitsförderung einhergehen. Deshalb braucht es hier einen langen Atem und Toleranz auch für das (teilweise) Scheitern von Projekten.

Widerstand kann gleichzeitig als Ressource betrachtet werden, wenn er als solcher erkannt wird: die Frage stellt sich, wie ein „selbstreferentielles System, das in seiner eigenen, selbst erzeugten (Um-)welt lebt, lernen kann. Und dies kann es nur infolge eines internen Prozesses, denn jedes Außen beeinflusst nur dann ein Unternehmen, wenn ein Unternehmen den Einfluss intern abbildet“ […] denn: „nur an seinen ‚Widerständigkeiten‘ bemerkt ein Unternehmen die mögliche Nichtanpassung der eigenen Vorgehensweise an eine überlebensrelevante Umwelt. Organisationen können dieser Zirkularität nicht entkommen, sie können aber beeinflussen, ob ‚Widerständiges' in die Kommunikation kommt" (Groth 2017, S. 74). Anders gesagt: nur über die fehlende Anschlussfähigkeit oder das ansatzweise „erfolgreiche" Scheitern von Gesundheitsprojekten lernen Unternehmen, was bei ihnen schon anschlussfähig ist und was vorsichtig ausgebaut werden sollte. Daher gilt es, gerade bei ersten Schritten zur gesunden Organisation immer auf Widerständiges zu achten und damit zu rechnen.

4 Konzeptionelle Impulse: Stress bewältigen, Resilienz und Salutogenese trainieren

> Gesundheit ist eine Fähigkeit zur Problemlösung und Gefühlsregulierung, durch die ein positives seelisches und körperliches Befinden – insbesondere ein positives Selbstwertgefühl – und ein unterstützendes Netzwerk sozialer Beziehungen erhalten oder hergestellt wird (Badura et al. 2010, S. 32).

Hier möchten wir Ihnen drei Konzepte vorstellen, die auch kleine und mittlere Unternehmen mit wenig Aufwand auf dem Weg zur gesunden Organisation realisieren können und die im Rahmen des Präventionsgesetzes von den Krankenkassen unterstützt werden.

4.1 Stress bewältigen

Die Fähigkeit, sich entspannen zu lernen und Stress zu bewältigen, ist im Präventionsgesetz formuliert und bildet gleichzeitig eine wirksame Möglichkeit, Resonanzräume zu schaffen für das Verarbeiten und anschließende Loslassen belastender Ereignisse, wie sie unseren Alltag prägen. Diese Kompetenz ist erlern- und trainierbar, für manche Berufsgruppen wie Polizei, Feuerwehr, Rettungsdienste, Care-Teams und in der Luftfahrt quasi Voraussetzung zur Berufsausübung. Zunächst kann es hilfreich sein, zu verstehen, was Stress genau bedeutet. Die Stressforschung (Kaluza 2015) unterscheidet dabei drei Bestandteile zur Beschreibung des Phänomens Stress:

a) Stressoren

Stressoren sind „Anforderungen aus unserer Umwelt, in deren Folge es zur Auslösung einer Stressreaktion kommt" (ebd., S. 8). Physikalische Einflussfaktoren

A. Bentner, *Gesundheitsmanagement für Einsteiger*, essentials,
https://doi.org/10.1007/978-3-658-21593-4_4

wie Lärm, Hitze, Kälte etc. können Stressreaktionen auslösen. Auch Einflussfaktoren, die im Zusammenhang mit externen Leistungsanforderungen, Zeitdruck oder ständiger Erreichbarkeit stehen, werden unter die Stressoren subsumiert. Als Stressor kann *jeder externe Einfluss* begriffen werden, der auf unseren Körper wirkt. Es hängt von der subjektiven Beschaffenheit der psychischen Widerstandskraft ab, ob wir die auf uns einwirkenden Anforderungen als Stress wahrnehmen oder nicht.

b) Stressreaktionen

Als Stressreaktionen „bezeichnen wir zusammenfassend alle Prozesse, die aufseiten der betroffenen Person als Antwort auf einen Stressor in Gang gesetzt werden, also alles das, was in uns und mit uns geschieht, wenn wir mit einem Stressor konfrontiert sind" (ebd., S. 10). Unterschieden wird zwischen offenen Reaktionen, die sich prinzipiell beobachten oder messen lassen, wie körperliche Reaktionen „schnellerer Herzschlag, eine erhöhte Muskelspannung oder eine schnellere Atmung" oder verdeckten Stressreaktionen, die auf der kognitiv-emotionalen Ebene ablaufen, wie „Gefühle der inneren Unruhe, Gedanken der Unzufriedenheit/Ärger oder Angstgefühle etc." (ebd., S. 11).

Eine Verbesserung im Umgang mit Stressreaktionen von Mitarbeitenden zu erreichen, ist ein komplexes Vorhaben. Denn hier geht es um eine von vielen „Sollbruchstellen" im BGM, die sog. *Verhaltensprävention* der einzelnen Personen. Ein Unternehmen kann hier lediglich die benötigte Infrastruktur stellen, in der es möglich wird, an den eigenen Stressreaktionen zu arbeiten. „Beispielsweise können wir durch Entspannungsübungen oder durch Sport körperliche Stressreaktionen abbauen und häufig kann dadurch auch eine kognitive und emotionale Beruhigung eingeleitet werden" (ebd., S. 12). Entspannungsangebote sind in unserer Kultur noch nicht wirklich tief verankert, wie es etwa in den asiatischen Kulturen mit Meditation, Yoga oder auch Kampfsport der Fall ist. Deshalb können solche Angebote immer auch Widerstand auslösen.

c) Persönliche Stressverstärker

Schließlich können Stressreaktionen in Form von individuellen Motiven, Einstellungen und Bewertungen ausgelöst oder verstärkt werden. Wir alle haben im Laufe unseres Lebens bestimmte Auslöser erlernt, die in der Regel (unbewusst) relativ fest in uns verankert sind. Diese Stressverstärker werden in der Stressforschung auch als „Antreiber" bezeichnet.

In unserer Arbeitswelt sind „Profilierungsstreben, Perfektionsstreben, Ungeduld und besonders auch die Unfähigkeit, eigene Leistungsgrenzen zu akzeptieren, [...] weit verbreitete Beispiele für solche persönlichen Stressverstärker" (ebd., S. 13).

Es ist nachvollziehbar, dass die Auseinandersetzung mit den eigenen (meist unbewussten) Stressverstärkern zunächst einmal Irritationen und Widerstände auslösen kann, zumal viele davon in unserer Kultur sehr erwünscht sind.

Eine geeignete Intervention auf der Unternehmensseite kann es sein, geeignete Stressbewältigungs- und Entspannungsangebote bereitzustellen, in denen die Mitarbeitenden mit professioneller Unterstützung an ihrem Stressverhalten arbeiten können.

4.2 Resilienz erlernen

Als resilient kann metaphorisch ein ‚Stehaufmännchen' gelten, welches über die Fähigkeit verfügt, aus allen Lagen heraus wieder eine aufrechte Haltung einzunehmen, anstatt entweder starr zu versuchen, dem Druck zu widerstehen und dann beim Umschubsen liegen zu bleiben oder so weich zu werden, dass der Impuls ein ständiges Einknicken bewirkt (v. Schlippe und Grabbe 2007, S. 27).

Resilienz (aus dem Lateinischen: resilire, widerstehen) ist ein Begriff, der ursprünglich aus der Materialprüfung stammt und dort die Eigenschaften des Materials beschreibt, sich nach Druck oder Verformung in den ursprünglichen Zustand zurückzubewegen.

In Bezug auf Menschen bedeutet Resilienz Beweglichkeit und Widerstandskraft gleichermaßen, die es ermöglichen, auf beeinträchtigende, schwierige oder sogar traumatische Situationen und Krisen so zu reagieren, dass die Betroffenen sie ohne nachhaltige Beschädigungen durchstehen und nach kurzer Zeit ohne fremde Hilfe zu ihrem gewohnten Leben zurückkehren können (vgl. Walsh 2008). Das bewusste Erlernen und Trainieren der eigenen Resilienz bildet im Rahmen der gesunden Organisation eine wirksame Alternative zum Entwickeln von Auffälligkeiten, Störungen und Erkrankungen.

Erste Definitionen von Resilienz für den therapeutischen Kontext wurden Anfang der 1970er Jahre vorgelegt. Hintergrund war die erste Längsschnittuntersuchung mit benachteiligten Kindern auf Hawaii, die über 40 Jahre lang von 1955 bis 1995 durchgeführt worden waren und einige bisherige psychologische und pädagogische Glaubenssätze zur kindlichen Entwicklung ins Wanken brachten.

Die Psychologin Emmy Werner aus Kalifornien beobachtete und befragte zusammen mit ihrem Team aus Kinderärzten, Psychologen und Mitarbeitenden der Sozial- und Gesundheitsdienste insgesamt 698 Kinder aus armen, dysfunktionalen und beeinträchtigten Verhältnissen auf der Insel Kauai auf Hawaii, die dort 1955 geboren wurden. Dabei handelte es sich überwiegend um Kinder von Plantagenarbeitern, die ganz verschiedenen Ethnien angehörten und deren Lebensumstände von geringer Mobilität und einer bescheidenen Infrastruktur in punkto Gesundheitswesen, Bildungssystem und Wohlfahrtspflege gekennzeichnet waren. Man kann die Lebensumstände dieser Kinder getrost als schwierig bezeichnen. Das Team beobachtete nun bei diesen Kindern, die in Armut geboren und desorganisiert aufgewachsen waren, eine Quote von einem Drittel, die ihre beeinträchtigenden Lebensumstände gut überstanden, obwohl bei ihnen teilweise schon vor der Geburt Komplikationen aufgetreten waren und sie in Familien lebten, „in denen chronischer Unfrieden, Scheidung oder elterliche Psychopathologie drohten; und sie wurden von Müttern großgezogen, die weniger als acht Jahre zur Schule gegangen waren" (Werner 2008, S. 30). Zwei Drittel der Kinder zeigten dagegen bis zum Alter von zehn Jahren bereits Lern- oder Verhaltensprobleme oder wurden bis zum Alter von 18 Jahren psychisch krank oder straffällig.

Demgegenüber konnte sich das eine Drittel resilienter Kinder zu kompetenten und selbstbewussten Erwachsenen entwickeln, die weder als Jugendliche noch im Erwachsenenalter besondere Auffälligkeiten oder Lernprobleme im Vergleich zu Gleichaltrigen zeigten. Ein wichtiger Aspekt dabei war das Vorhandensein mindestens einer qualitativ guten und stabilen Beziehung zu einer erwachsenen Person. Aus dieser Kauai-Studie lassen sich fünf wesentliche Resilienz-Faktoren ableiten, die einen Einfluss auf die persönliche psychische Widerstandskraft haben.

a) Optimismus und positive Selbsteinschätzung

Der Resilienz-Faktor Optimismus und positive Selbsteinschätzung hat zwei Facetten: Zum einen ist es aus sozialpsychologischer Sicht ein grundlegendes menschliches Bedürfnis, sich selbst als gut und positiv wahrzunehmen (vgl. Aronson et al. 2008, S. 16 f.). In günstigen Situationen stellt es für einen Großteil der Menschen keine Schwierigkeit dar, dieses Grundbedürfnis auch zu befriedigen. In Belastungs-Situationen stehen jedoch gerade die ungünstigen Kontexte im Fokus der Wahrnehmung. Innerhalb dieser Situationen ist es wichtig, „Emotionsregulationskompetenz zu entwickeln, um perspektivisch mit den unangenehmen Emotionen konstruktiv umgehen und sich von ihnen distanzieren zu können" (Schäfer 2017, S. 32). „Als Grundsatz gilt hierbei, dass Menschen, denen es auch in schwierigen Situationen möglich ist, positive Emotionen zu erleben, über eine höhere Widerstandskraft verfügen" (ebd., S. 31).

b) Akzeptanz/Realitätsbezug und Lösungsfokus

Die Akzeptanz der gegebenen Umstände und die realistische Einschätzung des eigenen Handlungsrahmens tragen dazu bei, dass mit den eigenen Ressourcen sinnvoll und effizient umgegangen wird (vgl. Amann 2015, S. 91). Eine Person, die ihre aktuelle, auch belastete Situation als gegeben akzeptieren kann und sich auf ihre möglichen Handlungsspielräume fokussiert, wird nicht in kontrafaktisches Wunschdenken verfallen und ihre Ressourcen an unrealistische Ziele verschwenden. Da diese in der Regel unter Belastung sowieso nicht erreicht werden können, erspart die realistische Person sich zusätzlich die Enttäuschung, die ein unerreichtes Ziel („erfolgreiches Scheitern") mit sich bringt. Die Fähigkeit der Lösungsfokussierung ist gerade in unserer von zunehmenden Anforderungen geprägten Arbeitswelt von hoher Relevanz, um im starken Wettbewerb handlungsfähig und auf ein realistisches Ziel ausgerichtet zu bleiben.

c) Selbstregulation und Selbstfürsorge

„Resiliente Mitarbeiter und Führungskräfte besitzen eine gute Selbstwahrnehmung, können gut für sich sorgen und mit ihren Kräften haushalten" (Amann 2015, S. 95). In den aktuellen Anforderungen der Arbeitswelt ist es für viele Arbeitnehmer zunehmend schwierig, sich abzugrenzen und sich selbst vor „zu hohen oder chronischen Stressbelastungen zu schützen" (ebd.). Regelmäßige Pausen und die Einhaltung der Arbeitszeitgesetze geraten u. a. durch die ständige Erreichbarkeit aus dem Gleichgewicht. Für den Aufbau von psychischer Widerstandskraft ist es jedoch notwendig, ausreichend Regenerationsphasen wahrzunehmen – Stichwort Entspannung lernen.

d) Beziehungen und soziale Netzwerke

In der Kauai-Studie hatte sich gezeigt, dass Kinder, die mindestens eine stabile soziale Beziehung hatten, mit höherer Wahrscheinlichkeit zu dem resilienten Drittel der Untersuchungsgruppe gehörten, als Kinder, die keine stabile soziale Beziehung hatten. Der Mensch ist als Herdentier existenziell auf gute Beziehungen angewiesen. Stabile Beziehungen geben Menschen Halt und ermöglichen es, schwierige Situationen besser auszuhalten. Außerdem sind konstruktive Arbeitsbeziehungen unabdingbar für das Zusammenwirken im Team. Aller Individualisierung zum Trotz: der Aspekt der sozialen Netzwerkbildung und eines guten Betriebsklimas ist genau deshalb im BGM so wichtig.

e) Zukunftsgestaltung und Improvisationsvermögen

„Resiliente Menschen nehmen Einfluss auf ihre Zukunft, indem sie klare Visionen und Werte für sich entwickeln, nach denen sie leben möchten. Die Sinnhaftigkeit des Lebens und der Arbeit spielt eine entscheidende Rolle für die Entwicklung und den Erhalt von Resilienz" (Amann 2015, S. 101). Gerade in unsicheren Zeiten spielt die Stärkung dieses Aspektes der Fokussierung auf eine gute Zukunft eine wichtige Rolle. Die (trainierbare) Fähigkeit, flexibel auf unerwartete Herausforderungen reagieren zu können, wird in diesen Zeiten besonders gebraucht.

Wie kann das Resilienz-Konzept auf dem Weg zur gesunden Organisation helfen? Die psychische Widerstandskraft kann als erlern- und trainierbares Konzept gesehen werden, das den Mitarbeitenden helfen kann, mit Belastungen adäquat umzugehen und somit auch die Unternehmung langfristig marktfähig zu halten. Wenn ein Unternehmen sich dazu entschließt, passgenaue Resilienz-Trainings anzubieten, die an der Lebenswelt der Mitarbeitende orientiert sind, so kann sich dies aktiv auf das Wohlbefinden und die Selbstwirksamkeit der Arbeitnehmenden auswirken. Zufriedenes und widerstandskräftiges Personal neigt weniger zu (psychischen) Erkrankungen. Damit kann auch die Anzahl der Langzeiterkrankungen nachhaltig gesenkt werden.

Mittlerweile sind an verschiedenen Hochschulen Forschungsschwerpunkte entstanden, die der Frage nachgehen, was genau Resilienz ausmacht, ob sie eventuell angeboren ist und wie sie erlernbar sein kann. Es gibt Anhaltspunkte dafür, dass Menschen, deren Gehirn gelernt hat, sich zu entspannen, resilienter sind als Menschen, die schnell übererregt reagieren (Mittmeyer-Riehl 2017, S. 2).

4.3 Salutogenese und positive Psychologie

Der Erfolg von Unternehmen u. a. auch davon ab, wie *zufrieden* die Arbeitnehmer an ihrem Arbeitsplatz bzw. im Unternehmen sind. So melden sich glückliche Arbeitnehmer unter anderem seltener krank und zeigen insgesamt ein höheres Engagement sowie seltenere Kündigungen (http://www.stepstone.de/b2b/stellenanbieter/jobboerse-stepstone/upload/studie_gluck_am_arbeitsplatz.pdf?cid=B2C_CLC_SYS19, abgerufen am 30.12.2017). Das Streben nach Glück ist nach Steel, Schmidt und Schultz ein wesentliches menschliches Anliegen (vgl. Steel et al. 2008, S. 138), welches sich bereits in der Unabhängigkeitserklärung einer der größten Nationen der Erde, den Vereinigten Staaten von Amerika, als ein Grundrecht wiederfindet. Die psychologische Forschung befasst sich heute mehr denn je mit dem Thema Glück und liefert dabei konsistente Ergebnisse dazu, dass Glück nicht ausschließlich durch soziale und genetische Faktoren, sondern ebenfalls durch eigenes Handeln beeinflusst wird (z. B. Lyubomirsky et al. 2005, S. 21). Die Positive Psychologie hat mit Wohlbefinden und Lebenszufriedenheit Konzepte zur Erforschung von Glück etabliert.

Der Begriff Positive Psychologie wurde ab 1954 durch Abraham Maslow, einen Vertreter des Humanismus, geprägt. Viele Jahre später etablierte Martin Seligman (2004) den Begriff im Sinne eines eigenständigen Forschungsfeldes. Anders als etwa in der Klinischen Psychologie, in denen eine klare Problemorientierung vorherrscht, wird in der Positiven Psychologie der Fokus auf die Ressourcen von Individuen gelegt (vgl. Seligman 2004). Hierzu zählen Eigenschaften, Einstellungen und Verhaltensweisen, die als positive Aspekte des menschlichen Seins verstanden werden (Schmitz et al. in Druck, S. 90–100). Die Entwicklung solcher Ressourcen kann zur Förderung von Gesundheit und zur Prävention von Krankheiten beitragen. Daher kann die Positive Psychologie auch für BGM in Unternehmen relevant sein.

So konnten beispielsweise Seligman, Schulman, DeRubeis und Hollon (vgl. Seligman et al. 1999, S. 9–17) die Wirksamkeit von Optimismus zur Prävention vor Depression belegen. Gesundheit wird in der heutigen Zeit fachrichtungsübergreifend von Forschenden als ein ganzheitliches Kontinuum verstanden (vgl. Antonovsky 1987). Die Weltgesundheitsorganisation (WHO) definierte bereits 1946 in Ihrer Verfassung Gesundheit als „Zustand vollkommenen körperlichen, geistigen und sozialen Wohlbefindens und nicht allein das Fehlen von Krankheit und Gebrechen“ (WHO 1998, S. 1) und erweiterte später die Definition:

> Gesundheit steht für ein positives Lebenskonzept, das die Bedeutung sozialer und individueller Ressourcen für die Gesundheit ebenso betont wie die körperlichen Fähigkeiten (WHO 1998, S. 2).

Die Positive Psychologie befasst sich unter anderem intensiv mit Konzepten, die eine gute Lebensführung beschreiben und erklären sollen. Nach Veenhoven (vgl. Veenhoven 2003, S. 374–375) ist eine Unterscheidung zwischen den Wegen zu einem guten Leben und dem Ergebnis einer guten Lebensführung wichtig. Das Forschungsinteresse in Bezug auf das gute Leben lag bisher vor allem bei jenen Faktoren, die als Ergebnis positiver Lebensgestaltung definiert werden (Schmitz in Druck, S. 2–18). Hierzu zählen Konzepte des subjektiven Wohlbefindens und der Lebenszufriedenheit. Ein ganzheitliches Modell, das Einstellungen und Strategien einer aktiven und bewussten Lebensgestaltung mit dem Ziel der Lebenszufriedenheit integriert, wurde durch Schmitz (vgl. Schmitz 2016, S. 13–19) mit dem Konzept der Lebenskunst in der Positiven Psychologie eingeführt. Um ein Bewusstsein für die eigenen Wege zum Glück zu entwickeln, eignen sich positive Interventionen, wie Resilienz- oder Lebenskunsttrainings. Sin und Lyubomirsky (vgl. Sin und Lyubomirsky 2009, S. 467–487) konnten im Rahmen einer

Metaanalyse die Effektivität von positiven Interventionen zur Verringerung von Depressivität und der Verbesserung des Wohlbefindens berichten. Diese Ergebnisse bestärken die Eignung positiver Ressourcen zur Verringerung dysfunktionaler Zustände. Es ist also auch im Interesse eines Arbeitgebers, seine Mitarbeiter zur Entwicklung von positiven Ressourcen zu ermuntern und sie dabei zu unterstützen. Denn glückliche Mitarbeiter sind gesündere Mitarbeiter und minimieren daher wirtschaftliche Risiken durch krankheitsbedingte Fehlzeiten oder Kündigungen.

5 Good-Practice-Beispiele für kleine und mittlere Unternehmen

Nun wollen wir Ihnen als Anregung ein paar Praxisbeispiele mit auf dem Weg zur gesunden Organisation geben. Damit Sie eine Vorstellung von möglichen Projekten im BGM erhalten, stellen wir Ihnen einige Projekte sog. „Corporate Health Companies" vor. Die Initiative „Corporate Health Award" zeichnet Unternehmen aus, die „sich in vorbildlicher Weise um die Gesundheit ihrer Mitarbeiterinnen und Mitarbeiter verdient gemacht" haben (http://www.corporate-health-award.de/ch-companies/, abgerufen am 19.09.2017). Wir verlassen zu Demonstrationszwecken hier kurz den Pfad kleiner und mittlerer Unternehmen, um Ihnen interessante Konzepte auch aus großen Organisationen nicht vorenthalten zu müssen.

Fraport AG (22.650 Mitarbeitende)

Der Flughafen-Infrastruktur-Dienstleister Fraport verfolgt den Ansatz, die teilweise schwere körperliche Arbeit im Unternehmen für die Beschäftigten so wenig belastend wie möglich zu gestalten. Dafür wurden zielgruppenspezifische und vielfältige Maßnahmen und Aktionen entwickelt, die die körperliche und seelische Gesundheit betreffen. Auch eine Vielzahl an jährlichen Aktionen im Rahmen der Gesundheitskampagne findet statt.

Die Beschäftigten erhalten ein BGM-Angebot, bestehend aus:

- Einem flughafeneigenem Fitness-Studio mit modernen Sportgeräten, so entstehen keine großen Wegzeiten und die Beschäftigen können das Angebot ohne größeren Aufwand in Anspruch nehmen
- Kostenlosen Angeboten für „Rückentraining und -therapie", Aktionen wie „Fit am Arbeitsplatz", um Bewegung am Arbeitsplatz zu gewährleisten, WeightWatchers At Work, um ein gemeinsames Abnehmen und eine gesunde Ernährungsweise in den Mitarbeiteralltag einzuführen oder „mit dem Rad zur Arbeit"

A. Bentner, *Gesundheitsmanagement für Einsteiger,* essentials,
https://doi.org/10.1007/978-3-658-21593-4_5

- Präventiven Maßnahmen durch gesundheitsbezogene Weiterbildungsangebote wie Ernährungsvorträge und Gesundheitsworkshops- und zirkel, sowie Gesundheitscoaching und Beratung durch Arbeitsmediziner, Sportwissenschaftler und Psychologen
- Maßnahmen für Suchterkrankungen, z. B. Nikotin-Entzug

Für die Umsetzung der Maßnahmen arbeitet das Fraport-Gesundheitsmanagement eng zusammen mit der Arbeitssicherheit, der Arbeitsmedizin, dem Personalmanagement, der Personalentwicklung, dem Betriebsrat, der Schwerbehindertenvertretung und den Führungskräften (http://www.fraport.de/content/fraport/de/unternehmen/medien/newsroom/archiv/2014/CorporateHealthAward-2014.htm, abgerufen am 19.09.2017).

Zwischen gesetzlichem Arbeitsschutz als Mindestanforderung und (freiwilliger) Gesundheitsförderung geht es für die Fraport AG immer mehr in Richtung aktiver firmeneigener Gesundheitsförderung. Im Jahr 2001 wurden die ersten BGM Maßnahmen eingeführt. Mittlerweile ist das BGM fest im Vorstand verortet. Nach Marc Uhmann, dem Leiter des Gesundheitsmanagements, ist dieses eine Sache der Philosophie und der Affinität des Managements, die für große und kleine Unternehmen gälte (http://www.jobfit-aktuell.de/jobfit-aktuell/meldungen/2014/uhmann-interview.php, abgerufen am 17.12.2017).

Stadtwerke Bochum (83 Mitarbeitende)
Um Gefahren am Arbeitsplatz wie Rückenschmerzen oder Burn-out vorzubeugen, verfolgen die Stadtwerke Bochum seit 2008 ein ganzheitliches Gesundheitsmanagement. Das Konzept der Stadtwerke Bochum umfasst verschiedene Aktionen zu den Themenfeldern Ernährung, Sport, Prävention und Arbeitssicherheit. Zum Gesundheitsmanagement gehören:

- Täglich gesunde Kost in den Stadtwerke-Kantinen
- Eine Kooperation mit dem Bochumer Gesundheits- und Sportklub Oase
- Rückentrainings, Nichtraucherseminare und Vorsorgeprogramme
- Eine Betriebssportgruppe, die zum gemeinschaftlichen Laufen, Tischtennis oder Volleyball einlädt
- Die Vereinbarung von Familie und Beruf: flexible Arbeitszeitmodelle, Kooperationsarbeit mit der AWO für einen leichteren Zugang zur Kita
- Ein Betriebliches Eingliederungsmanagement zum schonenden Berufseinstieg nach einer längeren Auszeit
- Unfallpräventionen am Arbeitsplatz

Die Gesundheit und das Wohlbefinden der Beschäftigten zu fördern stellt einen wichtigen Bestandteil der Unternehmensphilosophie dar (http://www.stadtwerke-bochum.de/privatkunden/unternehmen/pressecenter/pressemeldungen/presse-info_120111.html, abgerufen am 19.09.2017).

Klinikum Kassel (3200 Mitarbeitende)
Das Klinikum Kassel versucht, seinen Beschäftigten zielgerichtete Aktivitäten anzubieten und im Sinne der Verhaltensprävention parallel an ihre Eigenverantwortung zu appellieren. Wichtige Angebote sind daher:

- Fit4Job: Ausbau der Fitness- und Präventionsangebote im unternehmenseigenen Reha-Zentrum (für einen günstigen Mitgliedsbeitrag)
- Gewichtsreduktion durch Angebote wie „Weight Watchers At Work"-Kurse
- Zahlreiche Kurse, u. a. zur Kräftigung der Rückenmuskulatur, zur gezielten Stärkung einzelner Muskelgruppen, Step Aerobic
- Sport in der Gemeinschaft beim Lauf- und Nordic-Walking, in der Fußballmannschaft, dem Kassel-Marathon oder organisierten Radtouren
- Kinästhetik: Grund- und Aufbaukurse

Beschäftigte, die älter als 50 Jahre sind, erhalten bei Nachweis von einer Stunde Präventionstraining pro Woche im unternehmenseigenen Reha-Zentrum jeweils 30 min Gutschrift auf ihr Zeitkonto.

Das Klinikum Kassel möchte die Gesundheit seiner Beschäftigten bis zum Eintritt in das Rentenalter und darüber hinaus erhalten und fördern. (http://www.klinikum-kassel.de/index.php?parent=7756, abgerufen am 24.08.2017).

Stadt München (35.089 Mitarbeitende)
Die Stadt München gilt als Leuchtturm unter den Kommunen, nicht nur was das Gesundheitsmanagement betrifft. Schon früh wurde eine Dienstvereinbarung geschlossen, mit der die Gesundheit der Beschäftigten verbessert und die persönliche Gesundheitskompetenz gefördert werden soll. Zu den Zielen der Vereinbarung gehört unter anderem, die Zufriedenheit und Motivation der Beschäftigten zu erhöhen, die Kommunikation zu stärken, die Leistungsbereitschaft- und die Fähigkeit zu steigern und Instrumente wie Leitbilder und Mitarbeitergespräche ständig weiterzuentwickeln.

Zu den ausgewählten BGM-Angeboten gehören hier:

- Bewegungs-, Entspannungs- und Fitnessangebote und Betriebssport zur verhaltensbezogenen Prävention
- Kostenlose Vorsorgeuntersuchungen wie z. B. Darmspiegelung oder Hautkrebs-Screening
- Fachliche Qualifikation und Fortbildungsmaßnahmen zur Erhaltung und Erweiterung der Gesundheitskompetenzen
- Projektbezogene und stadtweite Maßnahmen und Aktionen rund um Gesundheit und individuellem Gesundheitsverhalten

Das BGM wird bei der Stadt München systematisch durchgeführt, was bedeutet, dass der Prozess immer nach folgenden Schritten abläuft: Bestandsaufnahme, Maßnahmenplanung, Maßnahmenumsetzung, Erfolgsbewertung. Die Finanzierung erfolgt durch Kooperationen mit externen Kostenträgern, z. B. den Krankenkassen (file:///C:/Users/thngu/Downloads/DVBGM.pdf, abgerufen am 21.09.2017).

Katholische KiTa gGmbH Saarland (3000 Mitarbeitende)
Die Katholische KiTa gGmbH steht vor vielfältigen Anforderungen wie physische und psychische Belastungen, der veränderten wirtschaftlichen Lage ihrer Kunden und individuellen privaten Situation ihrer Beschäftigten. Die Kita nimmt sich deswegen vor, nicht nur Krankheiten vorzubeugen, sondern auch die Motivation und die Zufriedenheit ihrer Mitarbeiter zu steigern und deren Gesundheitspotenziale zu steigern. Daher setzt sich ihr Betriebliches Gesundheitsmanagement aus verschiedenen Aspekten zusammen:

- Personal- und Organisationsentwicklung: Teamentwicklungsprozesse, Dienstgespräche, Qualitätsmanagement-Prozess
- Betriebsausflüge, Firmenlauf, gemeinsame Unternehmungen
- Gesundheitsförderung wie KITA FIT, Burn-out-Präventionsseminare
- Die Vereinbarung von Familie und Beruf und Dienstplangestaltung
- Arbeits- und Gesundheitsschutz wie Gefährdungsbeurteilung und Erzieherstühle

Bei ihrem Vorgehen wird die KiTa von der IKK Südwest unterstützt (http://www.kitasaar.de/ueber-uns/betriebliches-gesundheitsmanagement-bgm/, abgerufen am 24.08.2017).

AOK-Projekt „Fit im Forst" (550 Mitarbeitende)
Die Initiative „Fit im Forst" ist eine bewegungsbezogene Intervention für die ca. 550 niedersächsischen Forstwirte. Das Berufsbild Forstwirt gehört zu den Berufen mit dem höchsten relativen Risiko für eine rückenschmerzbedingte Arbeitsunfähigkeit. Um der körperlichen und monotonen Arbeitsbelastung entgegenzuwirken, entwickelte die Betriebsleitung der Niedersächsischen Landesforste 2007 in Zusammenarbeit mit den Betriebsärzten und der Sportmedizin des Instituts für Sportwissenschaften der Universität Göttingen ein Konzept im Rahmen der betrieblichen Gesundheitsförderung.

Zum Konzept gehört die Abfrage der berufsbedingten Hauptbeschwerdebereiche bei den Forstwirten und der allgemeinen Belastungs- und Beanspruchungsprofil der Waldarbeit (https://www.fitimforst.de/, abgerufen am 05.01.2018). Die Forstwirte trainieren die entsprechende Rückenmuskulatur einmal in der Woche gemeinsam im Forstamtsbezirk. Von dem Training zählt die Hälfte der Zeit als Arbeitszeit, die andere Hälfte als Freizeit.

Gefördert wird das Programm von der AOK Niedersachsen und der Deutschen Rentenversicherung Braunschweig-Hannover (https://de.wikipedia.org/wiki/Betriebliches_Gesundheitsmanagement, abgerufen am 05.01.2018).

Interview mit der Personalleiterin des Darmstädter Eigenbetriebes für kommunale Aufgaben und Dienstleistungen Abfallwirtschaft der Stadt Darmstadt (EAD – 670 Mitarbeitende)

Frage: Was ist aus Ihrer Sicht charakteristisch für die Struktur des EAD? Was sind die typischen Aufgaben?

Klassisch betreiben wir die Aufgaben der Abfallentsorgung und Straßenreinigung, die schon im Fuhr- und Reinigungsamt von der Stadt Darmstadt ausgeführt wurden. Mit der Gründung des EAD als Eigenbetrieb im Jahr 1993 kamen weitere Aufgaben wie der Kanalbetrieb, die Straßenunterhaltung, Gebäudereinigung der Stadtverwaltung hinzu. Die Schulbusse für Darmstadt fährt der EAD. Außerdem kamen die Hauswirtschaft in den städtischen Kindertagesstätten als neue Aufgabe dazu ebenso wie der Betrieb des Krematoriums und die Verantwortung für den Zoo Vivarium in Darmstadt. Das jüngste Projekt ist die Gemeinschaftsverpflegung in den Schulen der Stadt. Der EAD beschäftigt inzwischen 670 Mitarbeiterinnen und Mitarbeiter. Der stetige Wandel und Zuwachs zeichnet uns aus, erfordert aber auch von allen Beschäftigten viel Flexibilität.

Frage: Was würden Sie sagen, hat der EAD schon ein betriebliches Gesundheitsmanagement?
Das würde ich ganz klar befürworten. Der EAD hat schon Anfang 2001 begonnen, nach Ursachen von Fehlzeiten zu forschen und gemeinsam mit den Beschäftigten nach Lösungen zu suchen. Außerdem wurden für das Betriebliche Eingliederungsmanagement frühzeitig ein Handlungsleitfaden und später eine eigene Dienstvereinbarung abgeschlossen. Auch Prävention spielt eine große Rolle. Es wurden neben den Gesundheitstagen, gesunden Pausen, Rückenschulen und Ergonomie-Beratung am Arbeitsplatz sehr viele Angebote für die Beschäftigten gemacht. Zusätzlich fanden in Zusammenarbeit mit Frau Dr. Bentner die Seminare zum Thema „Gesund führen" statt. Auch Resilienz-Trainings sollen zukünftig angeboten werden. Seit 2009 arbeiten wir eng mit der AOK zusammen. Neben der Auswertung der Ursachen für Fehlzeiten wurde die Zusammenarbeit im BGM verstärkt. Gestartet wurde mit einer Arbeitssituationsanalyse in der Gebäudereinigung. Wichtig ist, dass die Auswertungen anonym an den EAD gehen und die Vorgesetzten nicht bei den Interviews dabei sind. So erhöht sich die Chance, dass die Beschäftigten auch sagen, wo sie wirklich der Schuh drückt. Es wurde schnell deutlich, dass das Ansetzen an den von den Beschäftigten genannten Belastungspunkten in der Arbeit der effektivste Weg ist, um Erkrankungen am Arbeitsplatz entgegen zu steuern. Daher wurde das Ziel formuliert, in jedem Jahr in jeder Abteilung ein Gesundheitsprojekt mit der AOK durchzuführen.

Frage: Seit wann gibt es den Arbeitskreis Gesundheit, wer ist Mitglied und was passiert dort?
Der Arbeitskreis Gesundheit entstand aus dem ersten Projekt mit der AOK und dem damit verbundenen Gesundheitszirkel in der Gebäudereinigung. Der Austausch über gesundheitsrelevante Themen wurde zunehmend wichtiger und so war der gemeinsame Kreis aus allen Abteilungen eine gute Basis, um weiter an dem Thema der Gesundheitsprävention zu arbeiten. Unsere Betriebsleiterin nimmt auch teil und wir werden durch den Betriebsärztlichen Dienst und die Sozialberatung der Stadtverwaltung begleitet. Regelmäßig wird über das jeweilige aktuelle Gesundheitsprojekt berichtet und es erfolgt der Rückblick auf bereits abgeschlossene Projekte. Vorteil ist und bleibt der Austausch im Arbeitskreis. Jede Abteilung hat die Möglichkeit, ihre Themen einzubringen. Der Arbeitskreis lädt dann schon mal Referenten zu speziellen Themen ein, wie z. B. die Rentenversicherung

oder Experten wie Frau Dr. Bentner für das Thema gesunde Führung und Konflikte im Arbeitsalltag.

Frage: Gibt es eine strategische Ausrichtung Ihres BGMs?
Alle Beschäftigten haben die Möglichkeit, ihre subjektiv empfundenen Belastungen im Arbeitsalltag anzusprechen. In der Arbeitssituationsanalyse der AOK werden dann alle Belastungspunkte im Dialog mit den Beschäftigten besprochen und abgearbeitet. Dabei zeigt sich immer wieder, dass insbesondere der Austausch zwischen Vorgesetzten und Mitarbeiterinnen und Mitarbeitern zusammen mit der Personalabteilung ein großer Gewinn ist, um gegenseitig Verständnis zu wecken für gewisse persönliche Bedürfnisse, aber auch betriebliche Notwendigkeiten.

Frage: Wie gehen Sie mit dem Thema Fehlzeiten um?
Auch der EAD hat in den vergangenen Jahren zunehmende Fehlzeiten bei den Beschäftigten zu verzeichnen. Diese ergeben sich zum einen durch den demografischen Wandel, der auch vor uns nicht Halt macht. Dies verschärft sich noch, da unsere Beschäftigten sehr gerne und lange bei uns arbeiten und die Fluktuation damit sehr gering ist.

Frage: In welchem Bereich sehen Sie (zukünftig) den größten Bedarf an BGM Maßnahmen und warum?
Ich konnte in den vergangenen Projekten nicht feststellen, dass ein Bereich einen größeren Bedarf hat an BGM als ein anderer. Die Vielfalt des EAD und seiner Beschäftigten erfordert ein spezifisches Herangehen an die einzelnen Tätigkeiten und individuellen Belastungen der Beschäftigten. Dabei spielt sowohl die physische als auch die psychische Belastung in allen Arbeitsbereichen eine Rolle.

Frage: Werden die bei Ihnen im Hause umgesetzten Maßnahmen evaluiert?
Es werden regelmäßig Statistiken zu den Ausfallzeiten und Arbeitsunfällen im EAD erstellt und bewertet. Die Evaluation des betrieblichen Gesundheitsmanagements soll aber zukünftig noch ausgebaut werden.

Frage: Wie haben Sie den Mitarbeitern die Wichtigkeit des BGM kommuniziert? Wie haben diese darauf reagiert?
Die Beschäftigten des EAD sind eng eingebunden in die Projekte. Zu jedem neuen Projekt berichten Beschäftigte aus dem abgeschlossenen Projekt über

ihre Erfolge. So wird der Staffelstab Gesundheit von Abteilung zu Abteilung getragen und ist bis heute nicht gefallen… Außerdem wird in jeder Mitarbeiterzeitung zu aktuellen Gesundheitsthemen berichtet. Es finden regelmäßig Gespräche mit den Beschäftigten zu Gesundheitsfragen statt, in denen auch Angebote zum Betrieblichen Gesundheitsmanagement gemacht werden. Die Mitarbeiterinnen nehmen die Angebote gerne an. Leider ist bei den aktiven Angeboten, wie z. B. Rückenschule oder gesunde Pause die Eigenmotivation der Beschäftigten doch noch etwas verhalten.

Frage: Was hat sich durch die Einführung des BGM bis jetzt geändert? Welche Erfolge konnten schon erzielt werden?
Das Bewusstsein bei allen Beteiligten, dass die Gesundheit ein enges Zusammenspiel zwischen dem Betrieb und den Beschäftigten erfordert, ist deutlich angestiegen. Die Bereitschaft der Beschäftigten im betrieblichen Gesundheitsmanagement mitzuwirken, ist gewachsen.

Frage: Welchen Rat würden Sie anderen Unternehmen geben, was bei der Einführung des BGM zu beachten ist?
Es gibt für das betriebliche Gesundheitsmanagement keinen Königsweg. Jeder muss für sein Unternehmen einen eigenen Weg einschlagen. Dabei sollte aber beachtet werden, dass die Maßnahmen so individuell sein müssen, wie es der Betrieb, die Tätigkeit und die Beschäftigten benötigen. Mit der Gießkanne Gesundheitsangebote für alle Beschäftigten zu verteilen, macht aus meiner Sicht keinen Sinn.

5.1 Tipps und Tricks bei der Einführung des BGM

Wie wir gesehen haben, funktioniert das BGM am besten, wenn es vom Management gewollt ist und mitgetragen wird. Um eine gesundheitsorientierte Führungskultur einzuführen, benötigt es einen intensiven Lernprozess für das Management und die Organisation als Ganze. Die Inhalte des Lernens sind vielseitig, unter anderem gehört Folgendes dazu:

- Selbstmanagement im Umgang mit Gesundheit, soziale Kompetenzen, wertschätzende Kommunikation und eine Feedbackkultur, konstruktives Konfliktmanagement, Systemkompetenz etc. (vgl. Hänsel 2016, S. 257). Aus diversen empirischen Studien lassen sich gewisse positive Effekte ableiten, die bei der Entwicklung einer gesunden Führung in einer Organisation eine wichtige Rolle spielen:

- Direktes Führungshandeln: Für die Führung bedeutet dies, auch Vorbildfunktion einzunehmen und auch auf den eigenen Umgang mit Stress und Belastung zu achten und gesundheitsrelevante Themen anzusprechen. Wertschätzung und Anerkennung sollen eine wichtige Rolle bei der Führung der Mitarbeiter spielen.
- Gesundheitsklima der Organisation: Gesundheitsrelevante Themen können offen kommuniziert werden. Es gibt eine proaktive gesundheitliche Vorsorge und das Erleben einer stimmigen Work-Life-Balance.
- Charakteristika von Arbeitsplatz und Arbeitsprozess: passende Aufgabenschwierigkeit, ausreichend Ressourcen für Aufgabenerfüllung, Feedback bezüglich eigener Arbeit, Rollenklarheit, Kooperationsmöglichkeit.
- Unternehmenskultur: Erleben von Wertschätzung, Anerkennung und Unterstützung durch Kollegen und Führungskräfte. Verschiedene Bereiche kooperieren miteinander. Bei Veränderungsprozessen sind die Ziele transparent und eine aktive Mitgestaltung möglich (vgl. ebd., S. 259).

Wichtig bei einem solchen Entwicklungsprozess ist es, dass auch die entsprechenden Rahmenbedingungen gegeben sind. Zudem sollte bei der Einführung gesunder Führung auch das Topmanagement die Leitlinien beachten und als Vorbild wirken. Ebenso zeigt sich ein positiver Effekt auf die Maßnahmen zur Gesundheitsförderung, wenn alle Beteiligten – Führungskräfte und Mitarbeitende – an der Planung und am Vorgehen beteiligt werden.

Neben der Selbst- und Personalführung ist insbesondere die Systemkompetenz wichtig. Diese beschreibt die Kompetenz der „aktive[n] Gestaltung der organisationalen Rahmenbedingungen“ (Hänsel 2016, S. 262). Damit ist die Fähigkeit gemeint, die Strukturen und Prozesse der Organisation zu erkennen und mitgestalten zu können.

Im BGM-Kontext kann und wird es immer wieder vorkommen, dass Effekte aus Projekten und Weiterbildungsmaßnahmen versanden. Gerade deswegen sind kleine Verhaltensänderungen und -Maßnahmen schon positiv zu bewerten. Der Gedanke, dass alle BGM-Maßnahmen sofort umsetzbar seien und es keinen Rückfall in das alte Muster gäbe, führt bei den Betroffenen nur zu hohem Druck und Frust.

6 Unterstützung und Subventionen für die gesunde Organisation

Abschließend möchten wir Sie darauf aufmerksam machen, dass die Krankenkassen immer Haupt-Ansprechpartner bei der Beratung und Durchführung von BGM-Konzepten für Ihr Unternehmen sind. Daneben gibt es aber noch weitere Möglichkeiten der indirekten Unterstützung: wir wollen Ihnen zeigen, welche Gesundheitsfördermaßnahmen steuerlich unterstützt werden und worauf Sie dabei achten können.

Die betriebliche Gesundheitsförderung fördert die Gesundheit, die Leistungsfähigkeit und die Motivation der Mitarbeiter. In bestimmte betriebliche Gesundheitsfördermaßnahmen können Unternehmen nun bis zu 500 EUR pro Mitarbeiter und Jahr steuerfrei investieren! Die Förderung der Mitarbeitergesundheit wird seit dem 1. Januar 2008 steuerlich unterstützt. Dabei müssen die Maßnahmen lediglich den Anforderungen der §§ 20 und 20b Abs. 1 i. V. mit § 20 Abs. 1 Satz 3 SGB V genügen.

Welche Maßnahmen fallen darunter? Hierzu zählen z. B. Bewegungsprogramme, Ernährungsangebote, Suchtpräventionen und Stressbewältigung, die als Kurs, Schulung oder Aktionswochen angeboten werden können (https://www.bundesgesundheitsministerium.de/themen/praevention/betriebliche-gesundheitsfoerderung/steuerliche-vorteile.html und https://www.lohn1x1.de/News/Gesundheitsfoerderung-von-der-Steuer-absetzen.html, abgerufen am 24.08.2017; Vgl. Bundesministerium für Gesundheit 2017; Wolff von Rechenberg 2014).

Wenn Sie sich im Einzelnen für die Bereiche interessieren, empfehlen wir Ihnen, die Seite des Gesundheitsministeriums (https://www.bundesgesundheitsministerium.de/themen/praevention/betriebliche-gesundheitsfoerderung.html) oder im Leitfaden Prävention nachzulesen (https://www.bundesgesundheitsministerium.de/fileadmin/redaktion/pdf_broschueren/praevention_leitfaden_2010.pdf). In dem Leitfaden werden die Handlungsfelder und Kriterien des GKV-Spitzenverbandes zur Umsetzung von §§ 20 und 20a SGB V umfassend dargestellt.

A. Bentner, *Gesundheitsmanagement für Einsteiger*, essentials,
https://doi.org/10.1007/978-3-658-21593-4_6

Maßnahmen, die nicht dem Präventionsleitfaden entsprechen, können nicht von der Steuer abgesetzt werden. Darunter fallen z. B. Angebote für Freizeitsport und Mitgliedschaften im Sportvereinen/Fitnesscentern.

> **Tipp** Sind Sie sich nicht sicher, welche Maßnahmen tatsächlich steuerbegünstigt werden, können Sie sich bei Ihrer Krankenkasse oder beim zuständigen Finanzamt informieren.

Die Maßnahmen sind zusätzlich zum Arbeitslohn zu zahlen, eine Gehaltsumwandlung wird steuerlich nicht gefördert. Der Arbeitgeber kann die Gesundheitsmaßnahmen sowohl direkt bezahlen oder aber auch dem Arbeitnehmer erstatten.

> **Tipp** Lassen Sie sich zuerst die erforderlichen Belege vorlegen, bevor die Auszahlung an den Arbeitnehmer erfolgt. Es ist kein Muss, allen Mitarbeitern eine Gesundheitsmaßnahme anzubieten. Arbeitnehmer können jedoch keine gesundheitsfördernden Leistungen einfordern (https://www.lohn1x1.de/News/Gesundheitsfoerderung-von-der-Steuer-absetzen.html, abgerufen am 24.08.2017). Neben den Maßnahmen im Betrieb, kann auch externe Unterstützung durch qualifizierte Beratende in Anspruch genommen werden. Um die steuerfreie Bezuschussung zu erhalten, müssen externe Maßnahmen neben der Anforderung des Präventionsleitfadens auch außerbetriebliche Kriterien erfüllen. Bei externen Maßnahmen ist ein entsprechender Nachweis nötig, z. B. eine Bescheinigung durch die Krankenkasse, die zu den Lohnunterlagen gelegt werden.

> **Tipp** Welche Voraussetzungen der externe Anbieter mitbringen muss, können Sie bei Ihrer Krankenkasse erfragen.

Externe Maßnahmen können z. B. durch die Krankenkassen, durch betriebsärztliche Dienste, BGM-Dienstleister und durch Unternehmensberatungen angeboten werden (http://www.akademie.de/wissen/betriebliche-gesundheitsfoerderung, abgerufen am 24.08.2017).

7 Fazit

Unser Fazit sind folgende abschließende Empfehlungen für kleine und mittlere Unternehmen:

1. Schaffe den entsprechenden Rahmen: gesundes Leitbild = gelebte Unternehmenskultur
2. Gesundheitsmanagement bedeutet Beziehungskultur: Jeder sollte an seiner Stelle Verantwortung für das zwischenmenschliche Miteinander übernehmen
3. Gut führen heißt gesund & stimmig führen
4. Menschen in Organisationen haben verschiedene Bedürfnisse, die sich im Gesundheitsmanagement wiederfinden sollten
5. Auch in Krisenzeiten sollten Organisationen an ihrem Gesundheitskonzept festhalten
6. Vorsicht vor Zahlen-Verliebtheit: zu viele Zahlen und zu viele Beratende führen nicht zu mehr Gesundheit. Wichtiger sind Kontinuität, Nachhaltigkeit und Passgenauigkeit der Angebote
7. Gesundheitsmanagement braucht Mut! Dazu gehören Beteiligung und Mitgestaltung der Mitarbeitenden, Offenheit für andere Konzepte und Akzeptanz für Vielfalt der Menschen
8. Gesundheit braucht beides: Verhältnis- und Verhaltens-Prävention, also strukturelle und individuelle Anstrengungen. Dazu gehört auch, dass jede/r sich um seine Gesundheit kümmert und er dabei durch entsprechende Strukturen im Unternehmen und in der Gesellschaft unterstützt wird (vgl. Bertelsmann 2014, S.24) (https://www.bertelsmann-stiftung.de/fileadmin/files/user_upload/Alle_Achtung_vor_dem_Stress_.pdf, abgerufen am 24.08.2017).

   Und last, but not least: BGM-Konzepte können immer wieder scheitern. BGM verändert eine Organisation und benötigt einen langen Atem. Nicht aufgeben!

A. Bentner, *Gesundheitsmanagement für Einsteiger,* essentials,
https://doi.org/10.1007/978-3-658-21593-4_7

Was Sie aus diesem *essential* mitnehmen können

- Fundierte Hintergrundinformationen zu wichtigen Aspekten des BGM
- Konzeptionelle Anregungen zur Einführung eines Gesundheitsmanagements für KMU
- Impulse und Good-Practice-Beispiele

A. Bentner, *Gesundheitsmanagement für Einsteiger*, essentials,
https://doi.org/10.1007/978-3-658-21593-4

Literatur

Buch

Amann, EG (2015) Resilienz. Haufe-Lexware, München

Antonovsky A (1987) Unraveling the mystery of health. How people manage stress and stay well. Jossey-Bass, San Francisco

Aronson E, Wilson T, Akert RM (2008) Sozialpsychologie. Pearson Studium, München

Badura B, Walter U, Hehlmann T (2010) Betriebliche Gesundheitspolitik. Springer, Berlin

Badura B, Ducki A, Schröder H, Klose J, Meyer M (Hrsg) (2017) Fehlzeiten-Report 2017. Krise und Gesundheit. Ursachen, Prävention, Bewältigung. Springer, Deutschland

Baraldi C, Corsi G, Esposito E (1998) GLU. Glossar zu Niklas Luhmanns Theorie sozialer Systeme. Suhrkamp, Frankfurt a. M.

Faller K, Fechler B, Kerntke W (2014) Systemisches Konfliktmanagement. Schäfer-Poeschel, Stuttgart

Grawe K (2004) Neuropsychotherapie. Hogrefe, Göttingen

Groth T (2017) 66 Gebote systemischen Denkens und Handelns in Management und Beratung. Carl-Auer, Heidelberg

Kaluza G (2015) Gelassen und sicher im Stress. Das Stresskompetenzbuch. Stress erkennen, verstehen, bewältigen. Springer, Berlin

Kühl S (2015) Sisyphos im Management. Die vergebliche Suche nach der optimalen Organisationsstruktur. Campus, Frankfurt a. M.

Lyubomirsky S (2008a) Glücklich sein. Campus, Frankfurt a. M.

Lyubomirsky S (2008b) The how of happiness: a scientific approach to getting the life you want. Penguin, München

Reuter T, Prümper J (2015) Evaluation im Betrieblichen Eingliederungsmanagement. BEM-Netz – Betriebliches Eingliederungsmanagement erfolgreich umsetzen. Ergebnisse aus einem transnationalen Projek. HTW, Berlin

Rosa H (2015) Beschleunigung. Die Veränderung der Zeitstrukturen in der Moderne. Suhrkamp, Frankfurt a. M.

Schäfer B (2017) Resilienz. 100 Seiten. Reclam, Stuttgart

Schmitz B (2016) Art-of-living. A concept to enhance happiness. Springer, Zürich

A. Bentner, *Gesundheitsmanagement für Einsteiger,* essentials,
https://doi.org/10.1007/978-3-658-21593-4

Schmitz BL, Lang J, Linten J (in Druck). Psychologie der Lebenskunst. Positive Psychologie eines gelingenden Lebens. Forschungsstand und Praxishinweise. Springer, Berlin

Seligman MEP (2004) Authentic happiness. Using the new positive psychology to realize your potential for lasting fulfillment. Simon and Schuster, New York

Treier M, Uhle T (2016) Einmaleins des betrieblichen Gesundheitsmanagements. Springer, Wiesbaden

Schlippe vA, Grabbe M (2007) Werkstattbuch Elterncoaching. Vandenhoek & Ruprecht, Göttingen

Buchkapitel

Bödecker F (2011) Kosten der psychischen Erkrankungen und Belastungen in Deutschland. In: Kamp L, Pickshaus K (Hrsg) Regelungslücke psychische Belastungen schließen. Böckler-Stiftung, Düsseldorf, S 69–85

Fechler B (2014) Konfliktmanagement als Regulation der moralischen Anerkennungsökonomie. In: Faller K, Fechler B, Kerntke W (Hrsg) Systemisches Konfliktmanagement. Schäfer-Poeschel, Stuttgart, S 21–33

Seligman MEP, Csikszentmihalyi M (2014) Positive psychology. An introduction. In: Csikszentmihalyi M (Hrsg) Flow and the foundations of positive psychology. Springer, Dordrecht, S 279–298

Walsh F (2008) Ein Modell familialer Resilienz und seine klinische Bedeutung. In: Welter-Enderlin R, Hildenbrand B (Hrsg) Resilienz. Carl Auer, Heidelberg, S 43–79

Werner E (2008) Wenn Menschen trotz widriger Umstände gedeihen. Und was man daraus lernen kann. In: Welter-Enderlin R, Hildenbrand B (Hrsg) Resilienz. Gedeihen trotz widriger Umstände. Carl Auer, Heidelberg, S 28–42

Zeitschriftenartikel

Deutscher Gewerkschaftsbund (2016) Arbeitsmarktpolitische und arbeitsrechtliche Anforderungen an eine Weiterentwicklung des Betrieblichen Eingliederungsmanagements. Arbeitsmarkt aktuell 1:1–12

Fordyce MW (1977) Development of a program to increase personal happiness. J Couns Psychol 24:511–521

Fordyce MW (1983) A program to increase happiness. Further studies. J Couns Psychol 30:483–498

Hänsel M (2016) Gesunde Führung. Arbeit im und Arbeit am System. Praxiserfahrungen zu Kompetenz- und Organisationsentwicklung in der Entwicklung gesunder Führung. Kontext 47:257–271

Huber A (2017) Betriebliches Gesundheitsmanagement. OrganisationsEntwicklung 4:105–107

Kleve H (2017) Reziprozität ermöglichen. Vernetzung aus systemtheoretischer Perspektive. Kontext 48:353–367

Kohte W (2010) Das betriebliche Eingliederungsmanagement. Ein doppelter Suchprozess. WSI-Mitteilungen 7:374–377

Lyubomirsky, S., Sheldon, K. M., & Schkade, D. (2005). Pursuing happiness. The architecture of sustainable change. Rev Gen Psychol 9(2):111–131

Mittmeyer-Riehl M (2017) Wieder aufstehen. Darmstädter Echo, 11. November, S 2

Rödder A (2017) Zukunft ist auch nicht mehr das, was sie mal war. Frankfurter Allgemeine Sonntagszeitung, 3. Dezember, S 34

Schubert F (2016) Moderne Arbeitswelt und psychische Gesundheit. Ein Überblick aus beratungswissenschaftlicher Perspektive. Kontext 47:240–256

Seligman MEP (2008) Positive health. Appl Psychol 57:3–18

Seligman MEP, Schulman P, DeRubeis RJ, Hollon SD (1999) The prevention of depression and anxiety. Prevention & Treatment 2, Article ID 8a

Sin NL, Lyubomirsky S (2009) Enhancing well-being and alleviating depressive symptoms with positive psychology interventions. A practice- friendly meta-analysis. J clin Psychol 65:467–487

Steel P, Schmidt J, Shultz J (2008) Refining the relationship between personality and subjective well-being. Psycholo Bull 134(1):138–161

Tkach C, Lyubomirsky S (2006) How do people pursue happiness? Relating personality, happiness-increasing strategies and well-being. J Happiness Stud 7(2):183–225

Veenhoven R (2003) Arts-of-living. J Happiness Stud 4:373–384

World Health Organization (1998) Health promotion glossary

Online-Quellen

Alle Achtung vor dem Stress [auf: Bertelsmann-Stiftung] (2014) https://www.bertelsmann-stiftung.de/fileadmin/files/user_upload/Alle_Achtung_vor_dem_Stress_.pdf. Zugegriffen: 24. Aug. 2017

Betriebliches Gesundheitsmanagement [auf: Gesundheit Nordhessen] (o. J.) http://www.klinikum-kassel.de/index.php?parent=7756. Zugegriffen: 24. Aug. 2017

Betriebliches Gesundheitsmanagement [auf: Katholische KiTa gGmbH Saarland] (o. J.) http://www.kita-saar.de/ueber-uns/betriebliches-gesundheitsmanagement-bgm/. Zugegriffen: 24. Aug. 2017

Corporate Health Companies [auf: Corporate Health Award] (o. J.) http://www.corporate-health-award.de/ch-companies/. Zugegriffen: 19. Sept. 2017

Dienstvereinbarung zum Betrieblichen Gesundheitsmanagement [auf: Personal- und Organisationsreferat der Landeshauptstadt München] (2009) file:///C:/Users/thngu/Downloads/DVBGM.pdf. Zugegriffen: 21. Sept. 2017

Ellenrieder J (2011) Betriebliche Gesundheitsförderung bis 500 Euro steuerfrei – Vater Staat gewährt Freibeträge. Akademie. http://www.akademie.de/wissen/betriebliche-gesundheitsfoerderung. Zugegriffen: 24. Aug. 2017

Entspann dich, Deutschland. TK-Stressstudie 2016 [auf: Techniker Krankenkasse] (2016) https://www.tk.de/centaurus/servlet/contentblob/921466/Datei/3654/TK-Stressstudie_2016_PDF_barrierefrei.pdf. Zugegriffen: 19. Okt. 2017

Gesundheitsreport (2017) Preview Fehlzeiten [auf: Techniker Krankenkasse] (2017) https://www.tk.de/centaurus/servlet/contentblob/940482/Datei/62963/Preview-Fehlzeiten.pdf. Zugegriffen: 19. Okt. 2017

Glückliche Mitarbeiter-erfolgreiche Unternehmen? [auf: StepStone Deutschland] (2017) http://www.stepstone.de/b2b/stellenanbieter/jobboerse-stepstone/upload/studie_gluck_am_arbeitsplatz.pdf?cid=B2C_CLC_SYS19. Zugegriffen am 30. Dez. 2017

Interview mit Marc Uhmann Leiter Gesundheitsmanagement Fraport AG [auf: jobfit.aktuell] (2014) http://www.jobfit-aktuell.de/jobfit-aktuell/meldungen/2014/uhmann-interview.php. Zugegriffen: 17. Dez. 2017

Kleine Personalabteilung, riesige Belegschaft: So geht BGM im Mittelstand! [auf: MACHTfit] (2016) https://blog.machtfit.de/blog/2016/09/08/kleine-personalabteilung-riesige-belegschaft-so-geht-bgm-im-mittelstand/. Zugegriffen: 24. Aug. 2017

Knieps F (2016) Gesetz ohne Wirkung. Kaum Fortschritt bei der Gesundheitsprävention. Frankfurter Rundschau. http://www.fr.de/wirtschaft/gastwirtschaft/praeventionsgesetz-gesetz-ohne-wirkung-a-341460. Zugegriffen: 5. Jan. 2018

Läuft alles viel zu schnell heute! [auf: F.A.Z] (2013) http://www.faz.net/aktuell/feuilleton/buecher/rezensionen/sachbuch/hartmut-rosa-beschleunigung-und-entfremdung-laeuft-alles-viel-zu-schnell-heute-12591323.html. Zugegriffen: 5. Jan. 2018

Präventionsgesetz [auf: Bundesministerium für Gesundheit] (2017) https://www.bundesgesundheitsministerium.de/service/begriffe-von-a-z/p/praeventionsgesetz.html. Zugegriffen: 5. Jan. 2018

Praxisblatt Betriebliches Eingliederungsmanagement [auf: Hans-Böckler-Stiftung] (2011) https://www.boeckler.de/pdf/mbf_nmp_2011_bem_einfuehrung.pdf. Zugegriffen: 10. Dez. 2017

Projektkonzeption [auf: fitimforst] (o. J.) https://www.fitimforst.de/. Zugegriffen: 5. Jan. 2018

Psychische Belastungen am Arbeitsplatz kosten Milliarden [auf: Böckler Stiftung/ Böckler Impuls Ausgabe 16/2011] (2011) https://www.boeckler.de/impuls_2011_16_2.pdf. Zugegriffen: 19. Okt. 2017

Rechenberg Wv (2014) Gesundheitsförderung von der Steuer absetzen. Lohn 1x1. https://www.lohn1x1.de/News/Gesundheitsfoerderung-von-der-Steuer-absetzen.html. Zugegriffen: 24. Aug. 2017

So werden Sie SH Company [auf: Corporate Health Award] (o. J.) http://www.corporate-health-award.de/ch-companies/so-werden-sie-ch-company/. Zugegriffen: 4. Okt. 2017

Stadtwerke für vorbildliches Gesundheitsmanagement ausgezeichnet [auf: Stadtwerke Bochum] (2012) http://www.stadtwerke-bochum.de/privatkunden/unternehmen/pressecenter/pressemeldungen/presseinfo_120111.html. Zugegriffen: 19. Sept. 2017

Steuerliche Vorteile [auf: Bundesministerium für Gesundheit] (2017) https://www.bundesgesundheitsministerium.de/themen/praevention/betriebliche-gesundheitsfoerderung/steuerliche-vorteile.html. Zugegriffen: 24. Aug. 2017

Storm, A (2017) Gesundheitsreport 2017. Analyse der Arbeitsunfähigkeitsdaten. Update: Schlafstörungen. Dak. https://www.dak.de/dak/download/gesundheitsreport-2017-1885298.pdf. Zugegriffen: 19. Okt. 2017

Vorbildliches Gesundheitsmanagement gewürdigt: Fraport AG erhält Corporate Health Award [auf: Fraport] (2014) http://www.fraport.de/content/fraport/de/unternehmen/medien/newsroom/archiv/2014/CorporateHealthAward-2014.html. Zugegriffen: 19. Sept. 2017

Was ist BGM? [auf: B·A·D] (o. J.) https://www.bgm.info/was_ist_bgm/nutzen_und_ziele.html. Zugegriffen: 24. Aug. 2017

Zentrale Begriffe und ihre Verwendung [auf: BBGM] (2012) http://bbgm.de/uploads/_bbgm/2016/12/Glossar.120918_Paper_Begriffe_AG1.pdf. Zugegriffen: 24. Aug. 2017

5 Tipps zur Verbesserung des Betrieblichen Gesundheitsmanagement [auf: Integion] (2017) https://integion.de/5-tipps-zur-einfuehrungverbesserung-des-betrieblichen-gesundheits-management/. Zugegriffen: 24. Aug. 2017

500€ Freibetrag für die betriebliche Gesundheitsförderung [auf: Redaktion Gesundheit|-Bewegt B2B] (2014). http://www.bgm-manufaktur.de/500-euro-freibetrag-fuer-die-betriebliche-gesundheitsfoerderung/. Zugegriffen: 24. Aug. 2017